文部科学大臣

下村博文

守護霊インタビュー

大川隆法

RYUHO OKAWA

本霊言第1章は、2014年5月23日（写真上・中）、幸福の科学総合本部にて、
第4章は、2014年5月31日（写真下）、幸福の科学 教祖殿大悟館にて、
質問者との対話形式で公開収録された。

まえがき

改正教育基本法（平成十八年）の（宗教教育）第十五条一項には、「宗教に関する寛容の態度、宗教に関する一般的な教養及び宗教の社会生活における地位は、教育上尊重されなければならない」と規定されている。この法律は第一次安倍内閣時代に成立した。下村・現文部科学大臣もご存知のことと思う。当時のマスコミは「すわ、宗教教育を強化するのか」と色めき立った。

しかし、本書に述べられている下村文科大臣守護霊の宗教見下し発言を読めば、当時批判していたマスコミ関係者もほっとすることだろう。

政界には宗教を「金」と「票」としか考えていない人たちが多い。もう少し、純粋な尊崇の念をお持ちいただきたいものだ。なお下村大臣が総理を目指す上で除・霊が必要と思われる宗教霊の霊言も併録した。ご参考にしていただければ幸いである。

二〇一四年　六月三日

幸福の科学グループ創始者兼総裁　大川隆法

文部科学大臣・下村博文守護霊インタビュー　目次

第2章　下村博文守護霊の霊言②

二〇一四年五月二十七日　収録
東京都・幸福の科学　教祖殿　大悟館にて

第3章　下村博文守護霊の霊言③

二〇一四年五月三十一日　収録

東京都・幸福の科学　教祖殿　大悟館にて

第4章　崇教真光(すうきょうまひかり)初代教え主・岡田光玉(おかだこうたま)の霊言

二〇一四年五月三十一日　収録
東京都・幸福の科学　教祖殿　大悟館にて

「霊言現象」とは、あの世の霊存在の言葉を語り下ろす現象のことをいう。これは高度な悟りを開いた者に特有のものであり、「霊媒現象」（トランス状態になって意識を失い、霊が一方的にしゃべる現象）とは異なる。外国人霊の霊言の場合には、霊言現象を行う者の言語中枢から、必要な言葉を選び出し、日本語で語ることも可能である。

また、人間の魂は原則として六人のグループからなり、あの世に残っている「魂の兄弟」の一人が守護霊を務めている。つまり、守護霊は、実は自分自身の魂の一部である。したがって、「守護霊の霊言」とは、いわば本人の潜在意識にアクセスしたものであり、その内容は、その人が潜在意識で考えていること（本心）と考えてよい。

なお、「霊言」は、あくまでも霊人の意見であり、幸福の科学グループとしての見解と矛盾する内容を含む場合がある点、付記しておきたい。

第1章

下村文部科学大臣守護霊インタビュー

——信仰観・教育観・国家観に迫る——

二〇一四年五月二十三日　収録

東京都・幸福の科学総合本部にて

下村博文（一九五四～）

政治家。群馬県出身。第二次安倍内閣において、文部科学大臣、教育再生担当大臣、東京オリンピック・パラリンピック担当大臣を務める。早稲田大学教育学部卒業。在学中、小学生対象の学習塾を開設し、十年ほど経営。自由民主党所属の衆議院議員（6期）、文部科学大臣。内閣官房副長官、文部科学大臣政務官、法務大臣政務官などを歴任。自由民主党では副幹事長、国会対策副委員長、広報局次長、新聞局次長、議院運営委員会理事などを歴任。あしなが育英会の元副会長。

質問者　※質問順

木村智重（学校法人幸福の科学学園理事長）

小林早賢（幸福の科学広報・危機管理担当副理事長 兼 幸福の科学大学名誉顧問）

九鬼一（学校法人幸福の科学学園副理事長・幸福の科学大学学長予定※）

［役職は収録時点のもの］

※幸福の科学大学（仮称）は、2015年開学に向けて設置認可申請中です。
構想内容については変更の可能性があります。

１　文科大臣・下村博文氏の守護霊を招霊する

大川隆法　現在、幸福の科学では教育事業も行っていて、すでに中学・高校を二校開校し、今、大学の開学準備にかかっているところですけれども、大学設置・学校法人審議会のほうに申請したところ、クレームがついてきているようです。

それが、純粋に内容的なものなのか、それとも違うものが入っているのか、そのへんを調べなければいけないと思いますので、文部行政の責任者である下村博文氏の守護霊を呼び、本心を訊いてみようかと考えています。

他の政治家や他の役所、あるいは他の宗教など、いろいろなものからの横槍等もあるかもしれませんし、お考えにおいて純粋に問題があるかもしれません。ただ、何か報告は入っているでしょうから、きっとご存じのはずです。

それでは、下村博文文部科学大臣の守護霊を、幸福の科学総合本部にお呼びいたします。

下村博文文部科学大臣の守護霊よ。

下村博文文部科学大臣の守護霊よ。

どうか、幸福の科学総合本部に降りたまいて、われらにその本心を明かしたまえ。

下村博文文部科学大臣の守護霊よ。

どうか、幸福の科学総合本部に降りたまいて、その本心を明かしたまえ。

（約十秒間の沈黙（ちんもく））

2 「宗教は票になるから、どこでもいい」

下村文科大臣の「信仰観・宗教観」を訊く

木村　おはようございます。

下村博文守護霊　うーん。

木村　本日、このようなかたちで、幸福の科学総合本部にお越しくださいまして、本当にありがとうございます。本日五月二十三日は、奇しくも、大臣の六十歳の誕生日と伺っています。還暦のお誕生日、本当におめでとうございます。

下村博文守護霊　うーん。何か贈ってくれたかな。

木村　ええ。新しいプレゼントを、「大学」というかたちで、教育行政にプレゼントさせていただきたいと思っております。

下村博文守護霊　じゃなくて、私のところに誕生日プレゼントが届いたのかな。

木村　今、大臣が進めておられる教育改革に対する、大きな武器ともなる申請をさせていただいておりますので。

下村博文守護霊　いや、それはプレゼントじゃないよ。〝爆弾〟じゃない？　何言ってんのよ。

木村　爆弾でございますか。まあ、このあと、そのへんの話もキチッとさせていただきたいと思っているのですが、まず大きなところとしては、下村大臣の信仰観、宗教観ですね。

　というのは、今、宗教が大学をつくろうとしておりますので、いきなりではございますが、まず、「大臣の考えておられる、宗教に対する考え方、あるいは信仰観」といったものをお教えいただきたいと思うのですが。

下村博文守護霊　うーん……。まあ、宗教は票になるから、どこでもいいよ。

木村　そのレベルの話ですか。

下村博文守護霊　もちろんだよ。それは、宗教は票になりますから。うん。

木村　では、政治的に、「票」と「お金」の支援さえ出れば、宗教の存在は事足りるというふうにお考えでしょうか。

下村博文守護霊　まあ……、ほかの宗教の票を減らさんようにしてもらいたいのと、うーん……、そうだなあ、社会的事件を起こさんようにしてもらいたいな。

さまざまな宗教と関係している下村氏の本心は？

木村　ああ……。いや、文部科学省は宗教を管轄している省でもありますから、もう少し深いものをお持ちではないかと、われわれは期待していたのですが、小・中・高・大といった教育行政のすべてと、宗教行政を司る立場であるにもかかわらず、残念ながら、単にそのような見方しかしていないということですか。

下村博文守護霊　うーん、まあ、政治家になるために、幾つもの宗教を兼任しなきゃいけないからね。そんな価値判断なんか加えてたら、それはできんなあ。

小林　そういう面もあるかとは思うんですけれども、今、大臣が進めておられる「愛国心の教育」等、いろいろなものがございますね。「宗教は票になるか」という程度の信念で、あそこまでの踏み込みはできないかと思うんですけれども……。

下村博文守護霊　それには、自分の考えもちょっとはありますよ。

小林　ええ。その考えの源といいますか、その信念を形成させたものは何でしょうか。安倍内閣のほかの大臣と比べますと、そのなかで一頭地を抜く仕事をしておられると思いますので。

下村博文守護霊　うーん……。いや、あんた、ヨイショをかけられるのか。びっくりしたぁ！（会場笑）意外、意外だなあ。怒る人かと思ったが、なあ？　ほう！

小林　いえいえ。その信念の源は、普通に考えますと、宗教あるいは信仰にあるかと思うのです。いちおう、他宗の手前等、いろいろとあるので、とりあえず、先ほどのような言い方をしたのであれば結構なんですけれども、その程度の肚の据わり方で、あそこまでの踏み込みができるとも思えませんので、もう少し、本心でお考えのところがあるのではないでしょうか。

下村博文守護霊　いや、でも、本心をそんなに明らかにしないのが政治家じゃないか。君らは本心ばっかり出るから、政治が成功しないんじゃないか。だからなあ。

小林　今日、こういう場に守護霊の方をお呼びし、仏の前にお出でいただきましたのは、本心を開陳するという趣旨でございますので、少し取っかかりになるものを頂ければと思います。

下村博文守護霊　本心は、そらあ、〝下村教〟だからさ。〝下村教〟が本心ですから、ほかの宗教は、支えてくれれば結構です。

小林　信仰や仏、神といったことに関してはいかがでしょうか。

下村博文守護霊　いやあ、「あの世がある」とか、「神様がいる」とか、まあ、そんなのは、ある程度受け入れてますよ、当然ながら。うーん。そらあ、そうですよ。うん。

国会議員初当選前、大川隆法のところへ面談に来た下村氏

小林　確か、一九九〇年でしたか、当時、幸福の科学総合本部のあった紀尾井町ビルに来られたことがありました。

下村博文守護霊　ああ、うーん。

小林　「『次の国政へ』という声もあるのですが」ということで、大川総裁ともお話をされたかと思います。

下村博文守護霊　うーん。

小林　そのへんの縁も含めて、どのようにお感じになっておられますか。

下村博文守護霊　ああ、君ら、〝ストリップ〟させるの、好きなんだろうなあ。一枚

一枚脱がしていくんだろうね。政治家は、なかなか脱がされんように頑張るのが仕事だからなあ。

まあ、幸福の科学さん、ご隆昌で、なかなかよろしゅうございますじゃないですか。ご隆昌でございますので、その勢いに乗って、どうか、自己実現なされるとよろしいんじゃないですかね。うーん。

大学のことなんかは、もう審議会に委ねていますので。私のほうは、全部結論が出てからあとの判断ですから、分かりません。

木村　大臣としては、幸福の科学大学に対しても、「これが日本の発展につながる」とか、「安倍政権の政策を後押しする存在になりうる」とか、そういった感覚は特にお持ちでないということですか。

下村博文守護霊　とんでもないですよ。その反対になりますよ。

木村　どういった意味で反対になりますか。

下村博文守護霊　こんなん、かかわったら、マスコミの攻撃材料になるほうですから、どっちかといえば。「そこを攻められるかもしれない」というのが、政治家として、私がいちばん危険なところです。

「幸福の科学の大学をつくった」っていったら、ほかのところ、マスコミやほかの宗教、ほかの政党、いろんなところから攻め込まれますからね、どうせ。それを、私が責任で受けるわけですから、安倍政権が延命したかったら、私のクビを切らなきゃいけない事態もありえるわけです。慎重の上にも慎重を重ねないと駄目ですので。少しでも言い訳できないような部分があったら、そらあ、認可は下りないでしょうね。

3　財務省による「大学認可」への圧力

大学をリストラしたい財務省の意向を気にする下村氏守護霊

九鬼　大臣は、「大学は、規制して少なくするべきではないし、〝護送船団〟で守るだけではなく、どんどんつくっていって競争させたほうがいい」というお考えを持っておられる……。

下村博文守護霊　いやあ、そらあ、文部科学省の考えであって、内閣全体の考えや財務省の考えではないわね。

小林　「財務省の考えではない」と？

下村博文守護霊　ああ、当然、違(ちが)うでしょうね。財務省は「大学のリストラ」をしたいほうですから。

小林　ええ。一般論として、そういう議論があるのは存じ上げていますが、特定の大学に対する議論でもあるわけですか。

下村博文守護霊　うん？

小林　つまり、幸福の科学大学の件に関して。

下村博文守護霊　それは……、まあ、それは、あるだろうよ。

小林　それをもう少し具体的にお教えいただけますか。

下村博文守護霊　ええ、文部科学省だってね、予算がなきゃ、仕事はできんからさ。予算がないとね。

小林　要するに、査定権を持っている側から、「コメント」が来ているのですね。

下村博文守護霊　ああ、あんたらがつくった政党が邪魔してるのよ。だから、政党をとるか、大学をとるか、どっちか決めてよ。

小林　そういうことを、「財務省」あるいは「財務大臣」あたりから言われているのですか。

下村博文守護霊　消費税上げに反対してるでしょうが。あれで、ずいぶん逆風になって困ってるんだからさあ。安倍政権を応援するなら応援するで、ちゃんと一本化してほしいんですけど。

小林　そのレベルの話になりますと、次官以下で話せる内容ではないように思うんですけれども。

下村博文守護霊　うん？　それはそうだよ。

小林　ええ。それを文科大臣に言える立場の人というのは「一人」しかいませんが。

下村博文守護霊　だからねえ、あんたらね、急いで通そうとしているけどさあ。ああん？　こちらは、急いで通さないようにしようとしてるのにね。そんなことしたって、無駄だよ。何言ってんのよ（笑）。絶対、通さないんだから。うん。

文科省からの意見の背後に見え隠れする財務大臣の影

木村　今回、審議会から、かなりの意見がついてきましたけれども……。

下村博文守護霊　当たり前じゃないの。麻生さんが「通すな」と言ってるんだから、通すわけないじゃないの。

小林　はっきりとおっしゃっているわけですね。

下村博文守護霊　というのは、国庫から助成金が出ていくんですよ。実際、財務省のほうは宗教に課税したいぐらいなんですから、ほんとのことを言えばね。

今、ＮＰＯを減らして整理して、公益法人にも課税をかけれるところから、かけていこうとしている。財務省の〝本丸〟は宗教法人ですから。宗教法人を狙ってるところなんです。

だから、税金を取ろうとしてるところに、税金を出すような話があるか、どうですかね。

小林　大臣にも、一点、ご理解いただかなければいけないんですけれども、当会が「消費税を上げるな」と言っている理由は、トータルの税収を増やすためですよ。

下村博文守護霊　そんなの、全然、効かないですよ。財務省にはまったく効かないですよ。ええ。

小林　財務省がとりあえず耳を閉(と)じているのはいいのですけれども、その「邪見(じゃけん)」、間違った見解に関して、政治家としての大臣はいかがなんですか。

下村博文守護霊　まあ、こちらのほうも、財務省から予算をもらってるからさあ。この前、理研(りけん)の大騒動(おおそうどう)はあったけど……、あんたら、また掻(か)き混ぜて大騒動になってるけどさあ。理研の予算を減らせるから、もうそれは、財務省は大喜びだよ。そんなのな。何か事件があったら減らせるもんなあ。だから、大喜びさ。

木村　おそらく、麻生さんのほうは、同じく、そういった理由から、幸福実現党が「増税反対」と言うのは……。

下村博文守護霊　あんた（木村）の顔見たら、麻生、「反吐が出る」って言うのよ、うん。あんた、挨拶したんだろ？　その後、実現党の旗揚げになったんだろう？

木村　ええ。

下村博文守護霊　うん。だから、それで腹が立ってるんだよ。もう、殺してやりたいぐらい腹が立ってるらしいよ。

小林　それは私怨ですね。

下村博文守護霊　ええ？　何て言うの、私怨じゃないですよ。公怨ですよ。だから、自民党の支援団体として認められて、自民党の総裁として挨拶にきたのに、副理事長をしてた木村あたりが出てきて、あしらわれて帰されたので、えらい怒っとったからねえ。

小林　でも、その後の幸福実現党の発信がなかったら、今の自民党はありますか？

下村博文守護霊　うん？　いいところもあるかもしらんけど、マイナスもあるわな。

いや、おかげで、幸福実現党が立てられなかったら、民主党に政権を取られなかったかもしれないんだ。あれで、野に下ったところもあるんだからさあ。

小林　まあ、それは詭弁ですよ。

下村博文守護霊　ええ？　まあ、少なくとも、麻生さんはそう思ってるわなあ。

小林　そうでないことは、ご本人がいちばんよく分かっていると思う。

下村博文守護霊　あんたらが旗揚げして、反旗を翻したんだ。保守分裂になって、民主党に乗じられて、政権から野党に転落したと思ってるから。あんたらが協力したと言ったって、それは、〝カルマの刈り取り〟で、自分らの罪を減らしてもらうためにやってるようにしか見えんわなあ。うん。

大学設置を認めないのは今秋の「消費税上げ」議論のため？

小林　それでは、あのときの自民党と民主党の議席数の差は説明がつきませんので。

まあ、他党なり、人のせいにするのは、ちょっと脇に置くとしましても、要するに、

「財務省に予算権、査定権を握(にぎ)られているから、言うことをきかざるをえません」と、端的(たんてき)に言えば、そういうことですね?

下村博文守護霊　もうとにかく……。

十月に、消費税の第二次引き上げを決めなきゃいけないんだから、十月にはね。あんたらの大学を認可するわけにいかないでしょう? 当たり前じゃないですか。

認可しなかったら、あんたらが一生懸命(いっしょうけんめい)、頭を下げてきても、ご機嫌(きげん)取りしかないんですから。安倍政権の言うこと、全部、丸呑(まるの)みするしかないんです。だから、「一年間でも二年間で引っ張れ」って、もう決まってるんじゃない?

木村　おそらく、「麻生さんの考え方はそうだろう」という推測はできていたのですけれども、肝心(かんじん)の長(ちょう)である安倍首相の意見も同じくですか?

下村博文守護霊　まあ、安倍さんは複雑な立場だから。もう、多重人格で生きてないとやれない仕事だから、あの仕事はね。いろんなところに、いい顔しないとできないのでね。

だから、あんたがたをマスコミに戦わせるときには戦わせるし、ほかの政党と戦わせるときには戦わせる。味方に使えるときは使い、使えないときには切る。まあ、それだけのこったよね。うん。

そういう複雑な人ですよ。うん、そういう立場ですよ。

木村　では、基本的には、麻生さんと下村大臣のほうで、「幸福の科学大学の十月認可は阻止する」という方向性で走っていると。

下村博文守護霊　政治家はね、そんな言い方はしませんよ。だから、「国家財政が赤字の折、大学の新設はあまり急ぎたくないものだ」と言えば、政治家の会話は通じるんです。

小林　国家予算全体の額から見れば、ほとんど芥子粒にもならない議論なので、その議論は、マクロでは通用しないと思いますね。

下村博文守護霊　うーんうん。まあ、幸福実現党を潰してくれれば、スムーズになるかもしれないね。

小林　いやいや。今、けっこう気軽におっしゃっているんですが、ブラフではなく、本当にそう思っておっしゃっていて、行動しようとしているのであれば……。

下村博文守護霊　自民党を支援してるならいいよ。自民党の支援団体なら、まあ、あれやけど。まあ、分からんからねえ。

小林　もう、是々非々で、政策面その他含めての個別の選挙に関しては、よくご存じだと思いますけれども、是々非々でさせていただいていますのでね。

下村博文守護霊　うん。だからまあ、それは考え方でね。こちら側はあなたがたの考えを採用してやってることを、あんたがたが感謝して、自分たちの教団の宣伝に使ってるという見方もあるわけだからね。うん。

小林　要は、麻生さんに首根っこを押さえられているということですか。

下村博文守護霊　首根っこ押さえられてるわけじゃないけど、財務次官の首まで取られたんだからさ。そりゃ、そんな簡単におさまらないよ。な?　え?

九鬼　仕返しをされたいということですか？

下村博文守護霊　一宗教の分際で、財務次官の〝首〟を狙って弾撃ち込んできた。ああ、おかげさんでさあ、勝（栄二郎）財務次官はさあ、普通は金融機関に天下りができるのに、金融機関に天下りすることもできず、個室も与えられず、運転手もつかず、秘書もつかず、〝島流しの刑〟に遭ったわけだからさ。そらあ、やっぱり、吉良邸への討ち入りと一緒だよなあ。うん。

小林　ある意味で、自活の道をつくれる方ですのでね。あの方に関しては、別に、そういうことは心配ないと思うんですけども……。

下村博文守護霊　うーん。だけどね、まあ、「消費税上げ」については、自民党も民主党も、基本的には合意してる内容だからね。両方ともが合意してるから、これを幾ら言ったって、共産党と一緒になっちゃうよ。それだけのことだったよ。

　大学をつくりたいんだったら、消費税上げに賛成しなきゃいけない。うん、そりゃそうだ。増収ですから、間違いなく増収。

4　自公連立の「裏条件」とは

下村大臣の「宗教教育」に対する見解を問う

木村　これまで伺っている話ですと、ある意味で志が低いといいますか、非常にレベルが低いように感じられます。

下村博文守護霊　それは、もちろん、政治家なんか……、みんなそうですよ。政治家なんか、みんなそうですから。やってることは、こういうブラフとか駆け引きばっかりですから。ええ、全部そうです。はい。

九鬼　下村大臣は、小さなころから、群馬県で苦労され、そして、苦学して早稲田を卒業されて、教育行政に対する一貫した思いがおありになって、ずっと文部科学大臣を志向してこられたと思うんですが、そのあたりについてはいかがでしょうか。

下村博文守護霊　まあ、塾をやってたからね。まあ、いちばん関心があったということだね。それから、（大学は）教育学部だからね。まあ、関心があったってことだね。

九鬼　教育をどのようにもっていきたいと思っておられますか。

下村博文守護霊　うん？　まあ、そりゃ……。いい教育にしたいね。うんうん。

木村　宗教教育に対してはいかがですか。安倍政権の方向性でもあるし、教育基本法改正の意図もあったと思うんですけれど。宗教と教育を司る大臣として、宗教教育全般に対する考え方を、お教えいただきたいんですが。

下村博文守護霊　うーん。まあ、そらあ、宗教教育は大事ですけどね。だけど、君らの政党が言うような、そんな、「幸福の科学の神様を国教にして、国体も変える」っていうのは、それは呑めないですから。

小林　まあ、それは、少し、議論が飛躍していると思うのですが。ブラフではなくて、本当に、そういうお考えでいきたいということだとしますと、こちらも議論の組み立てに入ることになるのですけれどもね。
つまり、最終的に、消費税が二段階目に引き上げられるかどうかは世論の判定ですよ。これは世論の判定です。

幸福の科学に「嫉妬」している「他宗教」とは

下村博文守護霊　まあ、それだけでもないよな。今は、ほら、ほかの宗教の嫉妬もすごいからね。だから、君らだけを認めなきゃいけない理由を、やっぱり説明せないかんからねえ。

小林　いや、ほかも認められれば、よいのではないですか。

下村博文守護霊　いやあ、ほかに上がっているのは、社会福祉みたいな、老人介護するような学校ばっかりでね、あと三校ぐらい上がってるのは。こんな普通の大学を、今どき、「つくる」なんて言ってきてるとこは、ないもん。
だから、「じっくり吟味したい」ってだけは言っておりましたよ。

小林　ええ。それは自由競争ですから、認められればいいと思うのですが。では、具体的には、他宗のほうからも、何か大臣に対して……。

下村博文守護霊　そらあ、嫉妬するだろうよねえ。

そらあ、公明党、創価学会から、「あんなのには、やっぱり、政党と大学を与えたらいかん」っていうのは、当然、連立の裏条件では来るわねえ。当たり前じゃん。

あんなとこに、政党を、もし成立させて、それで、大学までつくられたら、一緒みたいに見えるじゃないですか。なんとか、それを認めさせないようにして、差をつけておきたいわねえ、当然ながらね。

だから、やっぱり、何となく、そういう駆け引きはあるわねえ。

小林　要するに、事実上の依頼が来ているということですね？

下村博文守護霊　まあ、事実上の依頼っていうか、「自分のとこは大きいんだ」というように、やっぱり見せないといかんからねえ。

だから、幸福の科学に、そんな簡単に、大学とか、政党ができちゃいけないから、両方とも、なかなか成立しないように、引き延ばしに入っているわねえ。
これは、私だけじゃなくてねえ、いろんなところに働きかけをしているはずですからね。
だけど、ここ（創価学会）だけじゃないよ。ほかにもいっぱいあるからね。

小林　ええ。そうしますと、ほかには？

下村博文守護霊　うーん。大きなとこは、だいたい、みんな、「学校ぐらいつくりたい」と思っているし、「大学だってつくりたい」とかってあるからさあ。

小林　ただ、今、宗教で、大学をつくる意志、および、トータルの能力、キャパシティを持っているところは、そうそうないと思うのですけれども……。

下村博文守護霊　うーん、まあ、ほかにもあるんじゃないの？

「幸福の科学大学」不認可の正当化のために「詭弁を弄す」下村氏守護霊

下村博文守護霊　あと、もう一つは、そんな金があるっていうこと自体が、国民的疑い、マスコミ的疑いを煽るからねえ。

だから、「宗教が大学までつくるっていうのは、やっぱり、不思議だよなあ。これは、課税強化してもいいんじゃないか」っていう議論を、もし巻き起こしたら、文部科学大臣としてはですねえ、宗教をも管轄する立場としては、非常に、宗教界全体に対して迷惑かなあという感じはあるからねえ。

だから、慎重に吟味して、どっからも文句をつけられないような要件で通さないといけないよな。

小林　いえいえいいえ。それは、今、公明党が与党に入っているなかでは、全然、現実性のない議論ですので。

木村　その論理で行くと、要するに、「幸福実現党を閉じろ」とか、「消費税反対をやめろ」とか、「そういう条件が付かないと、十月末に認可しない」というのが基本方針ですか。

下村博文守護霊　いや、だから、十月までは、慎重に吟味してればいいだけですよ。

そしたら、十月は過ぎますからね。ここで上げられたら、まあ、終わりですから。来年以降は、ちょっとは考えますよ。

だから、六月で通らないから、どうせ。幾らあがいたってね。

小林　もう少し、周辺情報を頂きたいのですけれども、ほかには、いかがですか？　例えば、麻生さんと、創価学会と……。

下村博文守護霊　いやあ、やっぱり消費税上げは、役所、政府、全部の総合の意志ですから。私個人なんかの意志じゃないです。財務省の大臣や局長、次官だけの意志でもない。全部の意志ですから。国家財政が赤字で、一千兆もの赤字があるんですから。これを減らしたいっていうのは、世界的に見ても、同じトレンドですからね。それはしかたないんで。

あんたがたの新理論は結構だけど、まだ国民を説得できてないでしょ？　もし説得できてるんなら、選挙で勝てるはずですから。勝ててないのを見たら、説得できてないっていうことでしょう？

だから、それはそう言ったって、通らないよ。

小林　ただ、それと、幸福の科学大学の認可のことで、いじめをするのとは、別次元の話なので。

下村博文守護霊　いじめじゃない。いじめじゃないですよ。役所っていうのは、いじめはしないいんですよ。役所っていうのは、〝サボるだけ〟なんで、いじめはしない。

小林　要するに、「サボり」という名のいじめをするだけの話なので。そういうことであれば、こちらも議論のレベルを、どんどん上げていくだけの話です。要は、それが本当に通用する議論なのかどうか。

下村博文守護霊　うーん。

政府の成功のみを強弁（きょうべん）する下村氏守護霊

小林　だから、幸福実現党が主張したのは、要するに、今の政府が、世論を説得できていないからじゃないですか。

下村博文守護霊　ううん？

小林　つまり、消費税の増税に関して、まだ、これだけの反対があるっていうのはね。その問題のすり替えを、こちらの小さい小さい認可の話に持ってこようっていうことであれば……。

下村博文守護霊　いや、あのうるさいマスコミまで、ちゃんと折伏したんだよ、われわれは。消費税上げげを、マスコミは普通反対のところ、説得して根回ししたのに、そんな宗教あたりが、あとからワーワー言うっていうのは、ちょっと問題ですよね。

小林　いや、それは、やむをえないですね。マスコミを含めて、世論の支持を得たわけですから。本心ではね。

下村博文守護霊　いや、あなたがたが認める勢力は一パーセントもないんです。零コンマ幾らしかないんだから、しょうがないじゃん。これじゃあ、動かせないよな。動かしたかったら、五十パー以上、取ってくださいよ。

小林　ですから、マスコミ等を通じて、現実に変わってきてますよね？

下村博文守護霊　うーん……。

だから、消費税上げたって、まあ、いちおう政府見解は、アベノミクスが成功して、景気は上昇軌道に乗ってると。これは政府見解です。公式見解ですから。

次の消費税上げが終わるまでは、その見解を維持する予定ですのでね。ええ、事実はどうであれ、もちろん。

九鬼　「事実はどうであれ」というのは、ちょっと問題があるんじゃないでしょうか。

下村博文守護霊　それは統計の仕方によって、ちょっとは変わることがあるからね。

九鬼　今、国民の実感としては、四月に上げて、わずか半年後に、次の消費税上げを決めるというのは、「あまりにも拙速すぎる」っていう……。

下村博文守護霊　でも、トヨタなんか、もう最高益が上がっとるらしいしねえ。

だから、輸入も減ってだね、貿易赤字も縮小中とのことであるから、まあ……。

九鬼　いえいえ、まだまだ巨額じゃないでしょうか。

小林　いや、原発の問題のところで踏み込んで、原油の輸入代金を減らせば済むだけの話なので、本来やるべきことが今の日本政府にあるんですよ。

それをせずに、たかだか一大学の認可という、ものすごく小さい話に矮小化して、すり替えるっていうのは、これはちょっと、出るとこに出たら通用しない議論ですよ。

下村博文守護霊　いや、原発のところだって、君らは、ちょっとねえ。

小林　応援してるじゃないですか。

下村博文守護霊　いやあ、応援したと言えるかどうかは分からないわねえ。騒ぎを大きくした面もあるからねえ、ちょっとねえ。

小林　でも、国が救われましたよね？

下村博文守護霊　うん？　救われたかどうかは知らないよ。

小林　あのまま全廃に行ったら、大変なことになってましたけどねえ。

下村博文守護霊　やっぱり、安倍さんが頑張って押し切ったんであって、君らは、隅のほうで、ちょっと騒いでただけですから。マスコミは、まったく取り上げてませんからね。不徳の至りだっていうことですよ。あなたがたの不徳の至りなんです。だから、それをスッと通したら、あとでいろんなところからクレームがいっぱいきて、叩かれるんです。慎重に対処しなきゃいけないっていうことだ。

5 「日本には民営の大学は一つもない」

幸福の科学の「影響」を否定し続ける

木村　今までのお話を伺うと、われわれの政治的な主張とかも含めて、大臣の役割として、この国家を繁栄に導くという意味での教育は……。

下村博文守護霊　だから、「君らに乗れば繁栄する」なんて保証はどこにもないの。

九鬼　では、どうしたら繁栄するとお考えでしょうか？

下村博文守護霊　だから、安倍政権の言うとおりやれば、それで済む。だから、自民党の支援団体に戻りなさいよ。そうしたら話はだいぶ変わるから。君らのおかげで、前回の民主党が勝ったときに、落ちた議員が何人いると思ってるのよ。ええ？

小林　君らのせいって、そうやって、あまりにも飛躍した話で、人のせいにするのは、ちょっと脇に置いていただいて。

つまり、本当におっしゃる意味で問題解決しようとしたら、政府としてやらなければいけないことが多々ある。また、それに関する大川総裁からのアドバイスといいますか、コメントもあり、それが部分的には成就して、これだけの支持率や経済成長、異次元緩和があったわけですよね？

下村博文守護霊　いや、それは、君らのなかでの意見ですよ。

小林　なかでの意見と言われようが、実際にそのプロセスを見ていたマスコミの幹部の人たちは、全部知っているわけですから。

下村博文守護霊　うーん。

木村　まあ、大臣が打ち出されている教育方針とか方向性は、幸福実現党や、当会の総裁から出されている、教育に対する考え方に似通ったところが非常にあると、われわれは感じているんです。

下村博文守護霊　それは、まあ、二つに一つぐらい、五十パーぐらいだから。それは重なることもあるだろうよ。

成長率を上げたいのは一緒ですから。

木村　特に参照されているわけでもないということですか？

下村博文守護霊　そら、一緒ですよ。国の国際競争力を上げるっていう考えは、当たり前じゃないですか。誰が考えたって一緒、考え方は一緒ですから。別に、参照にしたわけじゃなくって、たまたま似てるだけですよ。

「認可制」にもかかわらず、責任回避で、否定の理屈をこね続ける

小林　ずばり申し上げますと、そういう理由と動機で、今回の認可に、事実上の介入をするっていうのは、「信教の自由」と「学問の自由」に対する侵害になって、憲法違反になってしまうんですけれども。

下村博文守護霊　介入してるわけじゃないんですよ。政府は、大学の新設を一校も認めたくないんですよ、本当は。

小林　でも、**認可制**ですよね、許可制ではなくて。

下村博文守護霊　だけど、認めたくないんです。

宗教法人だって、認可制だけど、オウム事件があったあとは、ずっと認められないじゃないですか。

小林　いやいやいやいや。宗教法人はそもそも認証制で、まあ、書類を届ける形式審査に近いですからね。

下村博文守護霊　それでも認められなかったからね、ずっと。オウム事件があってから、ものすごく厳しくなったわねえ。

小林　だから、オウムについては問題だったと思ってます。今、改善されましたでしょ？

下村博文守護霊　だから、役所は、全部、サボることで事実上拒否するんだ。

小林　そのサボるっていう行為は、納税者に対する怠慢ですよ。

下村博文守護霊　そんなことはない。早くやれば、税金が減ったり、出ていくことになる場合もあるからね。彼らも、それだけのコストパフォーマンスをやってるからね。

小林　行政のスピードを上げて、生産性を上げれば、全体の税収が上がるわけじゃないですか。

下村博文守護霊　君らの大学を大きくつくられて、いっぱい金を出さないといかんようになったとしたら、その責任が生じますからね。それでまた、不祥事でも起こされたら、大変なことになるからねえ。

小林　起きてもいない不祥事に関して心配をされたり、あるいは、申請もしていない補助金に関して心配されたりするのは、困るんですけど……。要するに、いろいろなことをおっしゃっていますけれども……。

下村博文守護霊　とにかく、急いで認めたら責任が生じるということです。だから完璧（かんぺき）な、どこからも攻撃（こうげき）されないだけの武装をしてくださって、「われわれは、これから、どこから攻（せ）められても、マスコミから来ても、野党から来ても、ほかの役所から言ってきても、ほかの宗教から来ても、何にも恥（は）じるところがない」という条件で出してください。

小林　今の議論をお伺いするかぎり、裏からこそこそ手を回すところはあっても、例えば、表立って大臣のところとか、われわれのところに言ってこられる内容は、一つもありませんよね。

つまり、自分の主張に対して、正当性が感じられないんで、裏からこそこそやってるわけでしょう？「何を恐（おそ）れているんですか」っていうことなんですよ。

下村博文守護霊　いやあ、君ら、いつも上から目線でものを言うけどさあ、そんな偉（えら）くないんだって。それを分かってもらいたいんだよ。

小林　要は、何を申し上げているかって言いますと、これは認可制なので、法律の本論に立ち戻って議論するのであれば、条件のところを詰めていけば許可制じゃありませんからね。いわんや、私立大学は、国立大学ではありませんので、そこにおいて行政行為としての瑕疵といいますか、越権や、逸脱をされるようであれば、それはそれで、大きな議論の対象になってきますよね。

下村博文守護霊　いや、人口が減っているのに、大学はつくりすぎて、定員割れを起こしてるんですよ。現実は、今、潰れている状況なわけだから。

客観情勢としては、財政赤字のなかで、さらに、大学が潰れていくなかで、設立認可するっていうことは、非常に難度の高いことです。

小林　切磋琢磨すれば、よろしいんじゃないですか。

「日本の大学はすべて国営だ」という詭弁

九鬼　ただ、それですと田中眞紀子大臣のころと一緒じゃないですか？　田中大臣が言われていたのと同じですよね。

下村博文守護霊　そりゃそうだよ。民主党だろうと自民党だろうと、みんな一緒ですよ。そらあ、そのとおりですよ。

九鬼　それは、下村大臣が発表されている話と違いますよ。もっと自由に設立して、別に量的規制なんてかける必要などないというふうに……。

下村博文守護霊　いや、日本にはねえ、民営の大学なんて、一つもないんですよ。全部、国営なんです。

小林　ほお。ぜひちょっと、そのコメントを続けていただけますか。

下村博文守護霊　だから、全部、文部科学省が、補助金漬けでコントロールしてるんですから。だから、あなたがたの「学問の自由」なんていうのは、お墨付きをもらわないかぎり、ないんですから。私立大学だって、全部自立してやりゃいいんだけど、ちゃんともらっとるでしょ？　もらうべきものを。

九鬼　私立大学についての補助金とおっしゃいますけども、経常支出の、わずか一割程度ですけれどもね。ただ、国立大学の場合は四割以上が助成金で成り立っています。これは、全然違うんじゃないでしょうか。

下村博文守護霊　いや、別に新しくやってないで、東大だって予算は、税金一千億を投じてるんですからね。研究者をいっぱい飼ってるんですから。ちゃんと、あんなとこで、せり上げればいいわけですよ。だから、新設のところでやったら、もう博打(ばくち)ですからね。

九鬼　でも、わずかな補助金ですよ。

下村博文守護霊　新規事業っていうのは、今、百に一つも成功しないですから。

小林　いえいえ、「学問の自由と、切磋琢磨がないと、研究の世界とか、学問の世界自体が発展をしない」、少なくとも、そのことは、この世の大臣は、ご自身の表面意識でおっしゃっていることなんで。それは、単なる建前(たてまえ)で、本心は違うんだと？

下村博文守護霊　思想は本で出して、宗教として活動してるんですから。それで、若者もお年寄りも教育できてるんですから、仕事としては、もう終わってるんじゃないですか？　わざわざ大学をつくらないといかん理由は、ないんじゃない？

九鬼　では、学問の発展、進化ということについて、どう思われていますか？

下村博文守護霊　新しい宗教がねえ、学問化なんかしないほうがいいよ。したら発展が止まるよ。

やっぱり、いろんなことが自由に議論できるから、新しい宗教は広がっていくんであって、そんな、学問で固めて、体系化して、勉強で認められるようなものになってしまったら……。要するに、科挙（かきょ）みたいになったら、孔子（こうし）の教えは生（なま）で説かれるうちはいいけど、科挙みたいになって、試験制度で縛（しば）られるように学問化したら、死んでるのと同じだからね。そういうことが言えるよ。

小林　いえいえ、学問でないと浸透（しんとう）しにくい部分もありますのでね。そういう分野を開拓（かいたく）していくっていうのは、宗教そのものにとっても、重要な行為の一つですし。

ただ、よく分かりました。要するに、「日本は、全部、国立大学なので、事実上、学問の自由なんていうのは大学においてないんだ」ということを言っておられるに等しいですね。

下村博文守護霊　そうだよ。まあ、政権が認めなければね。

だから、これでもまだましなんだよ、検討してくれてるだけ。民主党政権下だったら、君らは、もっとひどい目に遭ってるはずですから。

6　審議会は「政治家の隠れ蓑」

宗教大学設立の歴史をはぐらかし、大学新設を拒む

木村　まあ、われわれとしては、宗教系の大学の一つの使命として、プロの宗教者というか、いわゆる修道士的な人材を育てるという側面も持つべきだと思ってるんですよ。

下村博文守護霊　あなたがたが勝手に思うのは、それは自由だよ。だけど、あなたがたの修道士なんか増やしてほしいと思っていない人が、国民の九十九パーセントはいるはずですからね。

小林　まあ、九十九パーセントいるかっていう議論とは別にして、要するに、何を申し上げてるかっていうと、大学っていうのは、大臣もよくご存じのとおり、宗教から

始まったわけですよね。宗教が修道士をつくるために大学をつくったというのが歴史の経緯ですから。その修道士をつくる学部を大学につくるのに、その中身に関して、宗教の外側からいろいろ過剰にコメントをしてくるのは、いかなるものかと。

下村博文守護霊　それは、やっぱり四、五百年やってから言うてくださいよ。つくったばかりで言うから。

小林　いえいえ、それは極めて日本的、あるいは、日本での一部の発想です。そもそも、宗教に関する法律体系とか、学問に対する法律体系は、そういうふうにはなっておりませんので。それは、「信仰の自由」や「学問の自由」っていうものであって、例えば、犯罪を犯すとか、財政的な基盤がまったくないとか、そういう極端なケースを別とすれば……。

下村博文守護霊　同じなのよ。あんたがたが政党をつくって、政府から助成金と称する税金をふんだくろうとしたって、やっぱり国民が認めないでしょ？　だから、こっちも一緒なの。

一パーセントの支持率もないようなところに出したら……。税金を出すためには、半分以上の支持は要るんですよ、基本的には。そういうことなんです。半分以上が認めるようなもんでなきゃ駄目なんです。

小林　その議論は、創価大学に関して、全然当てはまっていないじゃないですか。天理教に関しても、当てはまっていないではないですか。

下村博文守護霊　あれは、時代が違うからしょうがないでしょ？　天理教だったら、もう百年、二百年たってるでしょ。創価学会だって、七十五年から八十年たってるんじゃないですか？

小林　いやいや、大学設立の段階では、幸福の科学の今の到達地点と、大して変わらないんで。だから、その立論は、やっぱりおかしいと思うんですね。

下村博文守護霊　だって、時代が違うからしょうがないでしょ。

あのころは大学をいっぱいつくりたい時代で、大学進学率を高めようとしていた時代だし、国民の教育レベルは低く、生活レベルも低かったんでね。安くいい教育をする需要が、ずいぶんあったわけ。

今はもう満ち溢れてきて、大学が次々倒産するわけで。「いい大学ができりゃあ、いいでしょう」っていうのは君たちの議論だよ。いい大学ができるっていうことは、競争力の高い大学ができるっていうことだけど、それは、ほかの大学が潰れるっていうことを意味してるからね。

本音と建前が見事に矛盾している下村氏守護霊

小林　大臣ね、今されてる議論は人前でできる議論ですか。
下村博文守護霊　うん、できないよ。
小林　できないですよねえ。
下村博文守護霊　うん、だから今、いや、今やってるから……。
小林　あの、大臣が通常おっしゃってることと、まったく正反対のことをおっしゃってますよね。

下村博文守護霊　ああ、もちろんそれはそうですけどね。うん。

九鬼　日本の大学進学率はＯＥＣＤ諸国のなかで上位にはないです。まだまだ、もっと上げる余地があるというふうにおっしゃっているのではないですか。

下村博文守護霊　だけど、国家財政がこれだけ低いと、ドイツ並みに十パーぐらいまで下げなきゃいけないかもしんないからね、下手したら。うーん。

九鬼　いや、そういうことじゃなくて、私立大学は全部、自分たちの持ち金で資金を投じて施設をつくってるわけですから。

下村博文守護霊　まあ少なくともだねえ、君らが建てることによって、どっかの弱い大学が潰れていくわけだからね、基本的には。

九鬼　いや、表の議論では「ゼロサムじゃない」っておっしゃってるわけでしょ？

木村　護送船団は廃止するっていうのが、大臣の大方針でしたよね。

下村博文守護霊　いや、人口減ってるの。じゃあ、あなたがたの宗教で増やしてくださいよ。ええ？

九鬼　（幸福実現党の）政策がありますから増えますよ、それは。

下村博文守護霊　増やしてください。どうぞ、どうぞ増やしてください。子供増やすっていう教義を、どんどん撒(ま)いて実践(じっせん)してくださいよ。そしたら未来は明るいですよ。

小林　まあ、世の中のニーズに従って選ばれる大学あり、選ばれない大学ありっていうのは、ある種の健全な競争で、これは学問でも教育でも絶対必要だと思います。

下村博文守護霊　やっぱ「学問の自由」を守るためには、そんなに統廃合とか倒産がいっぱい起きるようでは、学問の研究の自由はなくなるからね。基本的には潰れないことなので。

小林　いえいえ。バタバタ倒(たお)れろとは言いませんけれども、サボってしまうような環境でなくって、多少、切磋琢磨(せっさたくま)がありながら全体として発展していくことを目指すというのが、少なくとも大臣が方針としておっしゃっていたことではなかったんですか。

「大学でなく〝九十九里塾(くじゅうくりじゅく)〟にしろ」

下村博文守護霊　まあ、君らは、だからねえ、自己認識ができないで自分らの器(うつわ)のなかだけで議論して、全部、自分らをほめ合っているだけで生きているから分かんないけど、周りからいったらもう嫉妬(しっと)しかされてないのよ。

君らをほめてる人なんかいないのよ。嫉妬しかないの、世間(せけん)は。

小林　いえいえ。それはある程度、理解しますけれど。

何を申し上げてるかっていうと、学問にしても宗教にしても、要するに、その内容は原則自由で、やってみて、そこで駄目だったら退場するし、支持を受けるものは伸(の)びるでしょうと。

下村博文守護霊　だから、それ……。だから、自由ですよ。

小林　事前規制はしないっていうのが、学問や宗教に関しての立法の趣旨(しゅし)なんです。

下村博文守護霊　だから、私塾にしたらいいよ。私塾を。私塾にしなさいよ。

小林　あの、「立法の趣旨から逸脱することを強行しようとされるんですか」っていうことをお訊きしてるんですが。

下村博文守護霊　いやあ、慶応義塾（大学）は塾だったんですから、元はね。それが大学になる前はね。おんなじように（千葉に建てるなら）〝九十九里塾〟つくったらいいじゃないですか。

小林　いえいえ。ですから大臣はご存じのとおり、もう二十年以上前から幸福の科学は「人生の大学院」っていう〝塾〟をつくってましたから。

下村博文守護霊　うーん。

小林　それから、HS政経塾（政治家・企業家を輩出するための社会人教育機関）っていう塾だってつくってますんでね。それ、やってるんで。

下村博文守護霊　うーん、それでいいじゃない。ＨＳ（政経塾）でいいじゃない。それでやったらいいよ。

小林　そういったものをベースにして、大学に入っているわけで、極めて正当なステップを踏んでいるわけですよ。

下村博文守護霊　君らが好きな松下村塾つくったらいいじゃない。だから、それはもう家一軒で済むんですから。うーん。

小林　いやいや。ですから、どういうかたちにするかは、それは学問の自由であり、信仰の自由なんで、それに関して介入するっていうのは、はっきり言って越権ですよ。
「越権だ」っていうことを申し上げてるんであって、別に上から目線だっていうことを申し上げてるわけではないんです。

認可を拒む本音は「マスコミの攻撃」が怖い？

下村博文守護霊　いや、宗教がねえ、税金も払ってないんだからさあ。だから言う権利がないんだ、そんなのに。

小林　うん。だから、それは宗教自身がそもそも持ち出しが多くて、（お布施を）薄く広くいただかなきゃいけないんで、薄く広い支持を受けなきゃいけないから税金なんかかけたら大変だろうということですよ。いっぱいある神社を見てくださいよ。

下村博文守護霊　うん。

小林　だから、そういう趣旨で立法されてて、それに関して創価学会を含め、一定の支持があるわけなんで。それは当然だと思います。

下村博文守護霊　今は財政赤字の時期でだねえ、君らみたいに問題ばっかり起こして、あちこちでもうマスコミ攻撃しているようなところの大学を認めたりしたらねえ、火の粉がこっちにかかってくるじゃない。言っとくけど。

小林　ちょっと待ってください！

問題ばっかり起こしてるって、ちょっと聞き捨てならないことをおっしゃったんですけれども。

下村博文守護霊　いやあ、マスコミ……、だからＮＨＫだって朝日だってどこだって
いいけど、いっぱい喧嘩（けんか）売りまくってんじゃないの。ええ？

小林　いや、正当な批判をしているだけではないんですか。

下村博文守護霊　これ、安倍（あべ）さんの協力してるとあんたら思ってるかもしらんけども、
しっぺ返しは必ず来るんだから。しっぺ返しは私んとこへ来るに決まってるわ、次は。
（幸福の科学大学を）認めたら、（マスコミから）「文部科学行政に対する疑問」と
評して連続追及とかやられたらどうなるわけ？　ええ？

「審議会（しんぎかい）は政治家のための責任回避（かいひ）機関」

木村　その大臣の考え方というのは、文科省の審議会（しんぎかい）委員や文科省の室長、担当者レ
ベルまでだいたい浸透（しんとう）していると考えてよろしいんでしょうか。

下村博文守護霊　うーん、まあ……、ハハッ……。まあ、あんなの……。

あんたねえ、審議会がほんとに機能していると思ってるわけ？　あんなものはねえ、要らないんですよ。もともとは。

要らないけど、政治家の責任を回避するために審議会はあるんで。「審議会で慎重に専門家が議論した結果、こうなりました」ということで、それで政治家が責任を問われない。マスコミから問われないためにあれつくってんで。原子力委員会も一緒やね。

原子力規制庁もねえ、あれも委員会でやって……。要するに安倍さんの責任じゃないということに（笑）。もう、そのためにあるんですから。うーん。

小林　うん。要するに大臣の肚一つっていうことですね。

下村博文守護霊　うん。そうよ。

小林　実質上の責任は全部、大臣に来ているっていうことですね。

下村博文守護霊　うん、もともとはね。

文科省に対する財務省の「予算カットいじめ」も恐れている

木村　だから、もう申請に入る前に結論は出ていると？

下村博文守護霊　いや、予算を増やしてください。予算を増やしてくれるんなら行けますよ。いいですよ。

九鬼　予算っておっしゃいますけれども、私学は公教育がやるべき教育の肩代わりをすることもできるんですよ。私立学校がその代わりになっているんですから。

下村博文守護霊　だから、君らが財務省に睨まれてんだから。それで設立を認めたら、文科省の予算カットでいじめ返してくるに決まってんじゃない。そんなもん、もう読めてるじゃない。そんなこと最初から。

小林　そこをビクビクしてるっていう、要するにそういうことですね？

下村博文守護霊　まあ、そういうことです。はい。

九鬼　それは小さな話じゃないですか。

下村博文守護霊　小さくない！　大ですよ。なかでは……、役所では大きいですよ。

小林　うんうん。若干、大臣の頭んなかでは大きく見えてることかもしれませんが……。

下村博文守護霊　向こうは五千億、一兆円と、もう幾らでも削りたいんですからね。それは大きい話ですよ。

だから……。まあ、八兆円ぐらい予算があるわけですから。財務省っていやあ、これを四兆円ぐらいにでも圧縮したいぐらいでしょうね、本当はねえ。それはそうですよ、ええ。

小林　ちょっと、大臣ね、この場で適当に数字並べるのは結構ですけれども、「八兆円が四兆円になるのが怖いから、幸福の科学大学設立を認可しません」というのは、あまりにも荒唐無稽で、世の中に通用しない議論ですよ（笑）。

7　下村文科相の「宗教的バックボーン」とは

でもやっぱり本音は「マスコミの批判が怖（こわ）い」

下村博文守護霊　だから、幸福の科学の大学を文科省が推進するっていうようなことを、あんたがたはそれが国益になって国の発展になるって言ってるんでしょう？　文部科学大臣がそれを国民の前で発表したらどうなるかって？　〝針のむしろ〟ですよ。それが結論ですよ。

小林　別に「推進しろ」っていうね、そのステートメント（声明）を出せっていうことではなくて、要は認可申請（しんせい）があったものに関して、認可していただければいいという……。

下村博文守護霊　あんたがたね、人のせいにばかりするんじゃないよ。自分たちのこと考えなさいよ。

だからね、認可にそれだけねえ、困ってるんは、もうちょっと名前のある人ぐらい引っ張ってきて据えなさいよ！　世間が黙るぐらいの人を。

だから、理研をいじめるだけでなくて、ノーベル賞取ってる理研をいじめるだけでなくて、そのクラスの人でも引っ張ってきて据えなさいよ、ちゃんと。ええ？

そしたら、マスコミにも説得力がありますから。無名の職員たちでそんなもんが大学運営するなんて、誰が金出します？

小林　ただ、問題はですね（笑）、別にそういう有名人が一人、二人入るっていうところに問題解決の根本があるわけじゃなくて、実は「根本的に、別の理由があるんだ」ということを先ほどから縷々おっしゃってる点を申し上げているわけですよ。

下村博文守護霊　うーん？　別にないですよ。

「大学のニーズはもうない」から潰す計画を立てて、設置は規制すべき

下村博文守護霊　だから大学のニーズ、需要はないってことですよ。
うん、ほんとは潰していく計画立てて……、財務的には潰していく計画で、毎年何校ずつ減らしていくという理由を立てなきゃいけないぐらいなんだ、ほんとは。
だから、不良な大学から削っていって、やめさせていくっていうのが基本なんだ。

小林　いや、それを計画で行うのではなくて、要は、国民の顧客の選択で伸びるもの有り、そうでないもの有りっていうのが事後的に決まっていけばいい話じゃないですか。

下村博文守護霊　株式会社じゃないんで。学校っていうのはそんなに簡単に潰れると、引き受けた生徒が途中で困るわけですからね。
だから、淘汰がそんなにいっぱい起きるようであってはいけないので、設立前の段階で一生懸命に規制して、もう薬局と一緒なわけ。あんまり認めたらいっぱい倒産す

るから。最初の事前規制が大事なわけ。

弁護士だって、いっぱい出そうとしたら、たちまち業界が大混乱に陥ったので、やっぱり数を減らさざるをえなくなって、おんなじなんだよ。大学も一緒で、溢れたら過当競争が起きて潰れ始めますから。

小林　まあ、弁護士三千人、五千人の話とですね、大学一個、二個の話っていうのは同列には論じられないんで。

下村博文守護霊　いやあ、そんなことはないよ。

あなたがたは強力な影響力を持ってらっしゃいますから、ほかのところ……、まずはあの辺の近所ったら麗澤大学とか、あんなのとかが潰れ始めるかもしれませんねえ。うーん。

それは潰れるとこがほかにもあると思いますよ。天理大学も潰れるかもしれないねえ。天理大学が潰れるかもしれんし、創価大学だって潰れるかもしれないねえ。

小林　まあ今、それぞれ名前挙げられたところは固定客をお持ちですのでね。そういう心配はないと思いますよ。

下村博文守護霊　信者がどんどん減って、みんな困ってるわけで。その信者は幸福の科学に奪われてるって、みんなが訴えてるのよ。

深見東州だって、あんなの、全紙に五段広告を打ってるでしょう？　あれは、学習塾、それから予備校の経営者ですから、大学なんかつくりたいに決まってるじゃないですか。

だから、競争して、それで、わしらにも、「認めろ」と思って、今、ＰＲかけてるんじゃない。

小林　ですから、それは、認可申請を出せるなら、出していただければよいので、それはそれでいいですよ。

下村博文守護霊　うーん。だから、あれ（深見東州による広告）を見たら、もう、マスコミのほうは、「早く、宗教法人に課税しろ」ってみんな思ってますよ、腹の底では。君らは、それと一緒になってるんだよ。

「他宗教」の夫人の意見を信じ、幸福の科学を「曲解する」下村氏守護霊

九鬼　ですから、私たちは、それだけの資金を提供して、公教育の代わりを務めようとしているわけですよ。

下村博文守護霊　公教育じゃないですよ。私教育ですよ。何言ってるんだよ。

九鬼　私教育ではないですよ。私たちが申請しているのは、公教育ではないですか。だから審議会にかけているのでしょう?

木村　幸福の科学大学というのは、ご存じのように、創立者は大川隆法総裁なのですよ。

　それで、大臣は、大川総裁に対して、どのような見方というか、どのような認識を持っておられますか?

下村博文守護霊　うーん、だから、うちのかみさんが、事実上の教祖だからね。霊能者ですから、こっちはね。うちのかみさんは、霊視が利くし、霊が降りてくるかみさ

んだから、うちも宗教なのよ、事実上ね（注。下村博文氏の夫人の信じている宗教については、本書第４章で詳しく検証している）。

だから、うちのが言うには、ちょっと、やっぱり、有名人が出すぎる宗教だから、まあ、嫉妬しとるのかもしれないし、分からんけども、ほかの宗教から見て、心地よい宗教ではないと、幸福の科学は。そう見てるわな。

小林　それに関する大臣の見解は、どうなのですか？

下村博文守護霊　私は、ニュートラルだから、よく分かりません。私には、そういう能力はないので、よく分かりませんけどね。

木村　大川総裁に対しては、どう見ておられるのですか。

下村博文守護霊　うん？　いや、「やり手」だと思ってますよ、個人としてはね。ただ、弟子たちまで、そんなに、みんな偉くしないといかん理由はないと思ってますよ。だから、あなたがたみたいな〝無資格営業〟の人を、なんで、そんな学長だとか、学園の理事長にしなきゃいけないわけですか。教育経験がないじゃないですか、全然。

大学で教えてたっていうんなら、分かりますよ。

小林　いやいや。修道士の大学をつくるときに、大学のトップに修道士が来るのは当たり前の話であって、そのことを申し上げているだけの話ですから……。

下村博文守護霊　うーん。だから、「それは、四、五百年、待ちなさい」って言ってるの、宗教として固まるまでね。

だから、君らにとっては、いいことなんだろうけどね、それは。要するに、早く認められすぎるってことは、早く迫害が来る可能性もあるんですよ、宗教にとってはね。それは歴史が証明してることだから……。

小林　まあ、そういうことは、われわれ自身のほうで、対処していけばよい話ですから。要は……。

下村博文守護霊　だから、「宗教に対する攻撃の防御壁とするために大学をつくりたい」というような意図を持ってるんなら、われわれが、そんなに積極的に協力しないといかん理由はない。

小林　防御壁をつくるために、やっているのではなくて……。「学問の世界、学問の分野を通じて、世の中に貢献（こうけん）したい」と考えてやっているわけですよ。

幸福の科学大学を認可したくない理由は「政治家としての保身」？

下村博文守護霊　だから、まだ、オウム事件は、尾（お）を引っ張ってるわけでしてね。もし、オウム真理教が大学を持ってたら、どう？　あれ、治療院（ちりょういん）を持ってたよね。病院というほどではないけど、治療院があったために、あれだけ、毒物とか、注射とか、いろんなことができた。まあ、治療院があるだけでもそうだったんですから、もし、あれが大学を持ってたとしたら、大変なことになった。

小林　いや、「わずか千名の実質信者の教団が大学をつくる」という前提自体が議論になりませんので（苦笑）、それは、例として、あまりにも不適切だと思うのですけれども。要は、いろいろ、先ほどから、おっしゃっておられるのですが……。

下村博文守護霊　いや、君らの味方をもらっても、ほかの敵のほうが多いっていうか、攻撃されるほうの数が多くなったら、政治家としては、身がもたんということよ。

小林　それで、実際に、どこかが表から攻めてきていますか。二つほど……。

下村博文守護霊　まあ、そら、嗅ぎつけられてますよ、もう、とっくに。

小林　まあ、それは、いろいろなところが見てはいるでしょう。見てはいるでしょうけれども、要は、それを表立ってできる議論は、一個もなかったではないですか。

下村博文守護霊　うん。「表立って」ったって、君たちは〝戦闘竜〟みたいな人たちだからさ、本当に。とにかく、自分たちに否定的なことを言うと、すぐ喧嘩を売りに来る人たちだからさ。

小林　それは、喧嘩を売っているのではなくて、正当な言論を行使しているわけなのですが……。

木村　「正論を主張しているだけだ」と考えているのですけれどもね。

九鬼　学問自体が、議論によって進化していくのではないでしょうか。そのへんのご見識は、いかがでしょうか。

下村博文守護霊　だから、「君らは、学問っていうレベルにない」って言ってるんだよ。分からないの。

だったら、君の学問を述べてみよ。ええ？　学問に対する君の見解を、国民に問うてみなさいよ。

学長っていうなら、どんな教育観を持ってらっしゃるの。世に問うて認めてもらってくださいよ。ただ、内部の人事で、座ってるだけじゃないの。

九鬼　いや、そうではなくて、「子供たちを、本当に、世の中の幸福のために貢献できる大人に育てていく」というのが、教育ではないですか。

下村博文守護霊　せっかく、あんた、中高つくって、東大とか、早稲田とか、慶応が受かり始めたんだから、これは、もう、あと十年頑張って、進学校をつくったほうがいいんじゃないですか？

大学認可を「政争の具」と考え、「信教の自由」を侵害する下村氏守護霊

小林　そもそも神学部をつくるときに、その神学の内容に介入してくるというのは変な話です。

ですから、技術的なところとか、そういったいろいろなところは、ご相談しながら、認可制のなかで整合性を取るように、すり合わせはしますけれども、少なくとも、「修道士をつくる大学である。修道士をつくる学部である」という基本的な教えの内容に関しては……。

下村博文守護霊　だから、それは、「要らない」と言ってるわけよ、国民が。あんたがたの修道士なんか要らないのよ。

小林　いえいえ。そのようなことを国民は言っていないので……。

九鬼　「信者がいる」ということは、信者も国民ですからね。

下村博文守護霊　ええ？　今、大学は、みんな、宗教活動を禁止してるでしょう？

ほとんどのとこが。それは、結果的には、プラスよりはマイナスのほうが多いからじゃない。

九鬼　宗教系大学では、礼拝もやっていますし、宗教教育もやっていますよ。

下村博文守護霊　だから、毒にも薬にもならない古いやつは、もういいんですよ。やったところで、信者が増えないことが決まってるとこは、もういいんですよ。社会的に、何の害悪も出ないのが分かってるとこは、もういいんです。そういうとこは、もう維持するだけだから……。

小林　それを面と向かって社会に言えますか。それは、明白な「信教の自由」の侵害ですよ。

　そのような発言は、宗教法人法を所管しておられる大臣としては、極めて不適切な発言になりますから、控えられたほうがよいと思うのですけれども……。

下村博文守護霊　いや、君たちは、自分らが、カルト性を帯びてねえ、非常に見下げられてるっていうことを分かってないとこが問題だね。社会常識がないね。

小林　カルト性云々とおっしゃいますが、実際に新聞広告も出せない、いわゆるオウムだ何だっていうところと、幸福の科学の違いは明らかにあるわけです。それで、一定の信者がいて、ファンがいて、支持者がいて、そうした大学に対する進学の意欲を持って意思表示をした子供たちがいるという……。

下村博文守護霊　まあ、少なくとも、大学を、そんなにスッと認可して……。今、創価大学もいじめてるんだからね。そちらのほうは、今度、政治的には共闘してるわけですからねえ。保守の、与党の連立政権なんですから、そこのところに意地悪してるぐらいですから、政策を変えさせるために。だから、池田大作を封じるためには、そのぐらいやらなきゃいけないわけなので、創価大学のほうの設立を、もう抑えるぐらいのあれが……。

小林　すみませんけれども、創価大学の理工学部をやるとかやらないというレベルで、公明党の集団的自衛権の方針を変えさせるという、その考え方自身が、あまりにも小さいといいますか……。

下村博文守護霊　いや、学会員にとっては、それは大きな事件ですからね。だから、政府のほうが認めてくれないっていうことであれば、もうちょっと協力的にならないと駄目(だめ)かなと、みんな思い、賛同は得るでしょう？

九鬼　でも、国際教養学部は認めたのではないでしょうか。

下村博文守護霊　そりゃあ、そのへんが、「与党連立をするために、ちょっとだけ認めて、これは拒否(きょひ)する。これを認めてほしかったら、もうちょっとの協力が要りますね」と、まあ、こういうことでしょうね。そういう意味ですよ。

　だから、離(はな)れられても困るしね。離れられたら票が減るから、要するに、国会での投票数が減るから、分離(ぶんり)されても困るけども、連立しておりながら、反対のことばっかり言われたら、進まないでしょう？　そのへんの駆(か)け引きのところを、やってるわけじゃないですか、ちょうど。

幸福の科学大学を認可する「三条件」とは？

木村　では、幸福の科学大学が、十月末に認可される条件として、大臣が出されるものは何ですか。

下村博文守護霊　ああ、幸福実現党の解散、もしくは、自民党の完全支持母体への切り替え、あるいは、幸福実現党は、消費税上げを政策として掲げることですね。

木村　それがなければ、認可しないということですね？

下村博文守護霊　いや、慎重な態度になるという、まあ、すでになってますが、慎重に検討するってことでね。

8 「法律違反（いはん）」の発言を繰（く）り返す下村氏守護霊

「学問の自由」を無視し、「経営成功学部」にケチをつける下村氏守護霊

下村博文守護霊　だから、経営成功学部なんていう、そういうねえ、いかにも山師（やまし）っぽい題の学部をつくるでしょう？　経営っていうのはねえ、十に一つ、百に一つも、なかなか成功しないのが普通（ふつう）ですからね。それは、もう、国家がお墨付（すみつ）きを与（あた）えてねえ、山師をつくるっていうんだったらたまりませんから、そんな簡単に認めるわけにはいかんですよ。

経営は、もう、バタバタ潰（つぶ）れてて、七割は赤字なんですからね。

実際上、そこを卒業したら、みんな、優秀（ゆうしゅう）なコンサルタントみたいになるんかっていったら、それは誰（だれ）も信用してないんだ、そんなものは。教える人たちのメンバーを見たって分かってる。

小林　まあ、そんなところまで、大臣が心配される必要はないわけで、思想（学問）の自由市場のなかで、選択されたものが残ればいいわけですからね。その最初の入り口だけの話なので、その結果、どうなるかは自己責任ですよ。だから、それは、別に大臣にご心配いただくことではないのです。

木村　「ニーズがあるかどうか」というのは、文科省の立場ではなくて、やはり、生徒たちが行きたいかどうかで決めるべきではないですか？

下村博文守護霊　いや、生徒たちは、もっといい大学がたくさんあるので、そっちに行きたいでしょう。「『九十九里浜沿いでカニと戯れたい』とは思ってない」と思うよ。

小林　ですから、それは、一人ひとりの生徒が選択すればいいだけの話なので、別に、文科大臣に、気にしていただく必要のない、あるいは、口を挟んでいただく必要のない事柄だと思います。

九鬼　そうです。学生確保の見通しも、きちんと出していますから。

「国家の財政赤字」を持ち出し、大学「不認可」を正当化する下村氏守護霊

下村博文守護霊　だから、基本的には、厳しい査定をすると、今は評価を受ける時代なんですよ、大学に関しては。これは、トレンドだからしょうがない。

小林　「そういう護送船団方式はやめていただきたい」とおっしゃっていましたけれども、「実は、護送船団で行きたいんだ」というのが、今、おっしゃっていることですね？

下村博文守護霊　国家経営が絡んでるんだから、しょうがないじゃない。国家経営としてね、下手をしたら、役所そのものがなくなるかもしれない状況なんですからね。

九鬼　それは、非常に短期的な見方であって……。

下村博文守護霊　長期的な見方ですよ、何言ってんの。文部科学省自体が、なくなるかもしれないっていう……。

小林　大臣、いいですか？　それは、百兆になんなんとする、国家予算全体のマクロ

の目で議論されるべきであって、まあ、三兆円だか、四兆円だか知りませんけれども……。

下村博文守護霊　何言うの？　借金は一千兆円よ、あなた。

小林　幸福の科学大学の話で、議論すべきものではないですよ。それは、要するに、百兆円の予算を管理している人が、全体を見て議論すべきことであって、明らかに場違いです。

下村博文守護霊　いや、それはねえ、象徴ですから、「一罰百戒」っていう、君たちも好きな言葉があると思うけども、幸福の科学の大学を認めないっていうことで、「ああ、厳しい査定しているんだな」「政府は無駄金を使わないという、厳しい態度で臨んでるんだな」っていう、これは、支持率……。

九鬼　それは、そうではなくて、結局のところ、成長戦略を潰すことになるわけですよ。

下村博文守護霊　いや、だから、成長戦略になるって、誰も認めてないんだって……。君らが言っているだけで、誰も認めてないのよ。

九鬼　そうではなくて、要するに、それだったら、教育の効果を認めてないということになりますよ。教育がよかったら、どんどん富が増えていくではないですか。

下村博文守護霊　教育の効果って、君ら、実績ゼロなんだから、大学については。

九鬼　大学はこれからですから、それはゼロで当たり前ですよ。

下村博文守護霊　君の教育なんか、誰も期待してないんだからね。博士号ぐらい取ってきなさい。博士号ぐらい、どっかへ行って。ええ？

九鬼　中高で、きちんと、立派な子供たちを育てていますよ。実績は出ています。
それで、そういう延長線上で考えたら……。

下村博文守護霊　博士号を取ってきて、ハーバードで教授でもやってから来なさいよ。それで学長やりなさいよ。そしたら、ちょっとは説得力があるわ。

九鬼　ハーバードだって、神学部から始まったのではないですか。

下村博文守護霊　だから、講師の養成システムがある宗教だから。ちゃんと持ってるでしょ？　それで十分じゃないですか。何言っててんのよ。そんなねえ、国にお墨付きをもらおうとする、そういう依存心の強い宗教は駄目ですよ。自分たちで教育すりゃいいんですから。

いろいろな理由をつけて妨害する理由は「選挙対策」か

小林　別に、私たちは、「お墨付き」が欲しいわけでもなんでもなくて、要は、認可制なので、「『一定の要件を満たしたらいける』という、非常にシンプルな話にもかかわらず、なぜ、いろいろな理由をつけて、妨害にかかってくるのか」ということを訊いているわけです。

下村博文守護霊　政治っていうのは、要するにねえ、ムードなんですから、ムードを読まなきゃいけないの。

国民のムード、マスコミのムード、そういうものを読まないと、選挙に負けるわけ。次の選挙でね。選挙で負けたら、「タダの人」になるわけ。分かる？　だから、私が原因で、安倍政権が崩壊するようなことになってはならないわけよ。

小林　それは、少し自意識過剰といいますか、「この件が原因で、そうなる」というのは、あまりにも、誇大妄想が過ぎていると思うのですが。

下村博文守護霊　大学の設立を認めたら、少なくとも、「文春」、「新潮」から始まって、ほかのものも、急に、ワーッと来て……。

小林　（笑）。

下村博文守護霊　「これで、また、オウムのようなことが始まる」とか、「今度は、UFOに乗って、空からサリンを撒くとかし始めたら、どうするのか」とか、絶対、そんな議論が出るんですからね。

下村氏守護霊が考える「大学の使命」とは

小林　もしかしたら、これは、公に出版されるかもしれませんので、先ほどから、「一罰百戒」などと、大臣としてはまずかろう発言が、ずいぶん多いですから……。

下村博文守護霊　少なくとも、大学行政の現場では、要するに、宗教の勧誘とか、宣伝とか、献本とかを、公然と認めないようにはしてるからね。

小林　そういう話と、「学問を振興する」という話は、別問題ではないですか。

下村博文守護霊　だから、君らが、「会員子弟を〝地下牢〟に入れたいっていう気持ちが強い」ということで言っているだけだったらいいけど、それは、それなりに……。いや、だから、自分らでやればいいじゃない？　フリースクールでやったらいいじゃん。

九鬼　そういう子供たちに、大学卒の資格を与えていくことを、よくないことだと思っておられますか。

下村博文守護霊　それは、もちろん、よくないことでしょう。

九鬼　どうしてですか。

下村博文守護霊　やっぱり、社会常識を身につけて、普通の社会で通用するような技能を身につけることが、大学の使命でありまして……。

九鬼　私どもも、きちんと教育していきますよ。

下村博文守護霊　いやあ、あなたがたの教義を染み渡らせることが大学の使命ではないから、そこに、税金を投入するっていうことは、基本的には、憲法違反ですので。

小林　いやいや。あなたが、今、おっしゃっていることが憲法違反ですね。

基本的に、「自由選択のなかで、いろいろ、トライアル（試み）をさせてみる」という法体系になっていますが、あなたは、その法体系を、事実上、無視しようとされているので……。

下村博文守護霊　いやいや。そんなの、言うことが百年早いのよ。

小林　法体系では、「事前に、『百年早い』とか、『早くない』とかいう議論をしてはいけない」ことになっているので、その議論を持ち込めば、「出るところへ出たら、通用しない」ということは、実は、大臣ご自身がよく分かっておられるわけでしょう?

下村博文守護霊　まあ、一個一個やったらどうですか。とりあえず、政党要件である二パーセント以上の得票を取って、少し議員でもつくって、ちょっとは国会で発言できるようになってから、大学をおつくりになったらいかがですか。物事には、順序っていうものがあるから。

国民が支持してくれないんだから、そんなところに税金を投入できませんよ。ね?

小林　いや。いわゆる、潰れかかっている大学ならば、「大量の大学助成金が欲しい。それなりの補助をしてもらわないと、うちの大学は成り立たない」などと言うかもしれませんが、私たちは、そんなことは、一言も言っていませんよ。

下村博文守護霊　だから、まったくケチがつかないように、完璧につくって、通せるもんなら通してみなさいよ。
それは、あなたの言うとおりなら、法律上、まったく欠缺がなく、瑕疵がなければ、通るでしょうが？
どうぞ、通せるなら、通してみろよ。

小林　「通せるものなら通してみろ」という考え方、スタンス自体が、学校教育法違反なんですけれども。

「支持母体の宗教」を説得する材料を要求する下村氏守護霊

下村博文守護霊　まあ、学長も、その下の教授陣だか、講師陣だか知らんけど……。まあ、どれも一緒だけど、ほとんど、どこの何者だか分からない人ばっかりですから。
〝がらくた〟を集めてるんだよ、これ。

木村　幸福の科学で、十年二十年と、法臘（弟子になってからの年数）を積んで修行してきた僧職者ですよ。

下村博文守護霊　だから、新宗教なんです。新興宗教には、全体的に信用がないの。新興宗教を、大学に入れないように、みな、頑張ってるの。こんなのを応援してたら、ほかの大学が、みんな崩れますよ。

九鬼　しかし、それは、「信教の自由」に反しているではないですか。

下村博文守護霊　だけど、その前に、宗教は平等なの。だから、統一協会であろうとも、オウムであろうとも、ほかの宗教もみんな……。ワールドメイトであろうとも、みんな、大学を認めなきゃいけないわけ。こんなのを認めたら、大変なことになるわけですよ。

九鬼　でも、設置基準があるわけでしょう?

下村博文守護霊　ええ?　だから、その基準を厳しくしてるわけだよ。

九鬼　建物をつくっていないと、できないわけですからね。

下村博文守護霊　だから、君らは、清水建設を使って大きな建物を建てても、それに、十年間、ぺんぺん草を生やさせるわけよ。

それで、信者から、たくさん攻撃を受けるわけよ。

小林　（苦笑）申請もしていない、申請する意思もない宗教団体の例を出して、この議論をするのはやめてください。

下村博文守護霊　だけど、嫉妬されるのは確実ですし、少なくとも、私に対する票は、絶対に減りますから。

つまり、あなたがたより古い宗教でね、あなたがたより発祥が早くて、長くやってるところで、大学を持てないところは、いっぱいありますから。持ちたいけど持てないところは、たくさんあるよ。

「金がないから」とか、いろいろな理由により、大学を持てないところは数多くある。あとから来たものにつくられたら、悔しいわなあ。

実際に、そういうところが支持母体のなかにありますよ。だから、説得ができないから、説得できる材料をくださいよ。

それを説得する材料っていうのは、例えば、「これだけ素晴らしい科学技術を発明した」とか、「これだけ素晴らしい〇〇がある」とか、まあ、そういうものです。

そのように、この世的にも、みんなが認めるような、あるいは、よその新聞とか、テレビとかが認めるようなものであれば、それは認められますよ。

あなた、どうぞ頑張ってくださいよ。

小林　要するに、そういうスタンスだということですね？

下村博文守護霊　自分らだけで認めてるだけですから。ほかの人は、誰も認めてないの。内部を洗脳してるだけなんですよ、結果はね。

「国民の支持を受けて開学しようとしている事実」を認めない下村氏守護霊

九鬼　内部とおっしゃいますけれども、みな、国民なんですから。税金を納めている国民の、一定の支持があると……。

下村博文守護霊　選挙に出て、君らが支持を受けてないことが、ばれちゃったから、駄目なの。

九鬼　いや、支持を受けていないわけではありませんよ。

下村博文守護霊　選挙に出なければ、分からなかったのにね。出なかったら、みんな、「もう少し多くの国民に支持されてるのかなあ」と誤解した恐れがあるけど、選挙をやっちゃったから、もうバレバレよ。われわれも選挙をやってるので、支持がすごく低いのが分かるから。

九鬼　そうおっしゃいますけれども、その方々も、国民なんです。

その国民の方々の支持というものが、一定程度あるので、大学を建設し、開学しようとしているわけですよ。

下村博文守護霊　だけど、大学をつくるレベルっていうのがあるわけよね。いちおう、大学をつくってもいいレベルっていうのがあるわけですから……。

九鬼　私どもよりも小さい団体でも、大学をつくっているところはありますよ。

下村博文守護霊　そういうところは、これから潰れていきますから。
要するに、宗教法人に課税を強化したら、潰れていきますよ。
あんたがたのおかげで、天理教なんかだって、もう、信者が、八十万人も減ったっていって嘆いてるんだからさあ。

小林　大臣の立場で、「宗教法人に課税する」などと、軽率におっしゃらないほうがいいと思うのですが……。

下村博文守護霊　うーん。
創価学会だって、公称八百何十万所帯、一千何百万人って言っているけど、まあ、二百五十万や、三百五十万はいるだろうと言ってるわけだから、実数で、そのくらいの信者をつくってから申請しなさいよ。

下村氏守護霊が求める「客観的な説得力」とは

木村　われわれは、志を持って、「この国をよくしたい」と思っていますから。

下村博文守護霊　ただ、君らには説得力がない。客観的な説得力がないのよ。それだけのことよ。

別に、私は、おかしいことなんて、何も言ってないよ。

大川隆法さんは、ちゃんと活躍(かつやく)してて、社会的に存在を認められてるし、その本や物書きとしてだって認めるし、他の評論家だとか、マスコミだとかだって、一定の実力は認めてるよ。

だけど、「弟子(でし)のほうには実績がない」って言ってるんだよ。実績のある人を持ってきて大学をつくるなら結構ですけど、実績のない人たちだけでやろうとしてるから、「そこまでの信用は与えられない」って言ってるの。そんなもん、銀行が融資(ゆうし)するのと一緒じゃない。「融資の条件」と一緒なのよ。

小林　その「実績」というのは、「一般(いっぱん)学問の分野における一部において、そういうことがある」という話ですから。

下村博文守護霊　だから、「弟子を教育する」とか、「弟子の講師をつくる」っていうだけだったら、宗教のなかでできることぐらい、私たちには分かってますから。私たちの知性で、「講師をつくるぐらいだったら、大学をつくらなくても、宗教のなかでつくれる」というのは分かってるんです。

小林　それは、考え方としては違う（ちが）と思います。

「マター」ではなく「マナー」で判断を下そうとしている

九鬼　その中身について、ご存じないのではないですか？

下村博文守護霊　まあ、細かいことは知らないよ。人の言葉を聞いてるだけだから、細かいことは知らないけどね。

木村　では、「マター」のほうには入らずに、あくまでも、「マナー」なのですね？先ほど、「どこかの大学で、Ph.D.（ピーエイチディー）（博士号）を取ったらいい」などと言っていましたが、これは、まさしく……。

下村博文守護霊　でも、公平で客観性を持つのなら、やっぱり、そういうところもあるわね。

木村　やはり、「マター」のほうには入らずに、「マナー」だけで、すべてを判断していくと？

下村博文守護霊　だって、みんな、マターについては、分からないもん。内容がいいかどうかなんて……。少なくとも、一般的に、宗教の教義については、「立ち入ってはいけない」と言われてるからね。

　でも、みんな、それぞれ独自の教義を持つから……。

木村　それであれば、マナーの問題として、例えば、「ほかの宗教系大学でやっている」という前例があって、それと同じようなマナーを提示すれば、認めざるをえないということですよね？

下村博文守護霊　だから、完璧な条件をつくってくれれば、別に構いませんよ。要するに、私の立場に立って、どこが反対してくるかを考え、それらの反対を、全部、〝口封じ〟できるだけの条件を、ちゃんと揃えてくれたら構いません。

はい。どうぞ、やってください。

9 「政治家の世界はハイエナの世界」と自覚する下村氏守護霊

幸福の科学大学を認めない本当の理由とは？

九鬼　もし、文科省が予算を獲得したいと思ったら、大学設立を推進していくという立場で、教育行政を広げていかないといけないのではないでしょうか。

下村博文守護霊　いやあ、教育はねえ、予算を食うんですよ。基本的には、いったん、予算を消費するんだけど、「これが、投資に見えるかどうか」っていうのが分かるのに、時間がかかるわけ。二十年、三十年と時間が……。

九鬼　でも、国公立大学を増やすよりは、私立大学を増やした方が、予算は、少なくて済みますよ。投資自体がないわけですしね。

下村博文守護霊　そんなことない。今あるやつを競争させて、悪いやつを淘汰していったほうが、効率が良くなります。

九鬼　そうすると、少なくなっていくわけですから……。予算が獲得できなくなるのではないでしょうか。

下村博文守護霊　それはしかたないじゃないですか。

だから、君らは、政党を旗揚げしたことにより、ある意味で、ライバルとして名乗りを上げたわけだからね。

私の選挙区に候補者を立てられたら、それが、あっという間に、ライバルになるわけですから、大学を認めて、君らの勢いを増しておいて、それで、私が（選挙で）落とされたら、たまらないからね。

それは分からないですからね。〝へぼ手〟を打ったのは、そちらですよ。

木村　また、そのような、政治的な、この世的な話ばかりですけれども……。

下村博文守護霊　うん、そうですよ。政治家は、そんなものです。

木村　私が、大臣から聞きたいことは、一つの教育観、つまり、「どういう人材を、この大学行政を通じて輩出（はいしゅつ）したいと考えておられるのか」ということです。

下村博文守護霊　だから、うちの母ちゃん（妻）は、真光（まひかり）みたいな宗教ですよ、早い話がねえ。

そういう宗教を、あんたがたは邪教（じゃきょう）だと思ってるでしょ？　だから、あちらからの反撃（はんげき）は激しいでしょう？　国内でも、海外でも、幸福の科学の反対運動をやってるはずですよ。広げようとしたら。ね？

だから、あんたがたのほうの大学がつくられたら、やっぱり、真光だって、大学ぐらいはつくりたいよね。だけど、認めないわね。

よそのだったら分かるだろ？　真光教は、まあ、「崇教真光（すうきょうまひかり）」でも、「世界真光文明教団」でもいいけど、「その大学を文科省が認めた」っていうことになったら、マスコミが黙（だま）ってると思うかい？　絶対、批判するだろう？

他人のを見たら分かるだろ？
おんなじなんだ。向こうから見れば、あんたがたが真光に見えるわけよ。

大臣として「あらゆる宗教に対して公平でなければいけない」

小林　そのように見ているのは結構ですが、要は、真光という名前を出すことは別としても、例えば、そこが大学をつくりたいと思うとか、あるいは、そういう意思を持ったときなどに、客観的にその力量があるかどうかということと、今、幸福の科学が申請でここまで来ているということには、大きな違いがあるわけですから、それは主観的なものではなくて、客観的なものであるわけです。
　そして、それに関して、過剰な介入をしてはいけないということも、法律で厳に戒めているわけなので、例えば、「真光が、本当は大学をつくりたいと思っていて、嫉妬して文句を言ってきている」というような話は、この議論とは別な話だと思います。

下村博文守護霊　うん、だけど、今は公平でなきゃいけないんで。政治家としてはね。大臣の立場としては、あらゆる宗教に対して公平でなきゃいけないもんで。

小林　結局、グーッと議論を収斂していくと、「予算」「財務省」「麻生さん」というあたりの話に……。

下村博文守護霊　いや、私は、創価学会だって別に好きじゃないけどね。だけど、連立している以上、公平に扱わなきゃいけないしね。もちろん。

「政治家を尊敬し、票を集めてくれるのがいい宗教」

木村　大臣に対して、そういうアプローチをされているところは、ほかにもあるんですか。

下村博文守護霊　そらあ、ほかにもあるだろうね。いっぱいいねえ。それはあるけど、まあ、届かないものもあるしね、いろいろあるから。その差を明確にしてくれれば、もうちょっとはっきりするけどねえ。

まあ、少なくとも、この前の選挙では、新宗連（新日本宗教団体連合会）のほうが民主党についたから、新宗連系のやつは、なかなかそう簡単には認可されないでしょうねえ。新宗連は、いつも創価学会の反対側に回るからね。あなたがたは独自系でやっているから分からないけど。

ただ、油断できないのは、あなたがたのことは安倍さんも認めているので、味方のようではあるけれども、いつ味方でなくなるか分からない、予断を許さない政党でもあり、宗教でもあるということで、それくらいのことは分かっているから。いつ批判に回るか分からない。権力を与えたら、いつ批判側に回るか分からない。それは十分に感じてるよ、政治家としてはね。

あと、あなたがたの見識が高けりゃ尊敬してもらえると思ってるんだったら、大間違いですよ。それは政治家に恥をかかせてるだけなんですから、間違いなんです。政治家が偉く見えるようなのがいい宗教なんですよ。

だから、宗教は、票だけ集めてくれて、政治家を尊敬してくれるのがいちばんいいんです。あとは、献金してくれてもいい。

小林　そういう議論は、四、五年前にもさんざん聞きましたので、ここでは結構かと思います。

本霊言の書籍発刊で「公平中立な大臣」と評価されるか

木村　大臣もご存じのように、この霊言の内容自体が、書籍になって拡散されていきますよね？　それをご認識された覚悟の上で、今の発言をされていると考えてよろしいわけですね？

下村博文守護霊　いや、「すっごく公平中立な大臣だ」というふうに見るでしょうね。一般的にねえ。

　これは、そのあと、創価学会から見ても納得するし、天理教から見ても納得するし、立正佼成会から見ても納得するし、霊友会から見ても納得するし、うーん、崇教真光が見ようが、真光文明教団が見ようが、ワールドメイトが見ようが、「ああ、けっこう厳しい態度で臨んでるんだな」と言うわねえ。

小林　それと同時に、文科大臣としては、公式の場で絶対に言ってはいけないことを、ずいぶんとおっしゃったということも事実ですね。

下村博文守護霊　そんなことは……。絶対に言ってはいけないことなんて、一つも言ってませんよ。

小林　いえいえ。ずいぶんとおっしゃっていますので、その認識がないということであれば、「ああ、そういう法律の解釈なんですね？」という……。

下村博文守護霊　あなたがただって自分勝手なんであって、「信教の自由」だけは言うけど、人の「言論の自由」は認めないんでしょ？

小林　いえいえ。自分勝手で申し上げているわけではなくて……。でも、その一言も、けっこうな「ご発言」ですが。

下村博文守護霊　でも、「本音を語れ」って言うから語ってるのに、本音を語ったら、「憲法違反だ」って言って怒るんだから、そんなの、本音を叩くあたりなんかマスコミと一緒じゃないですか。そうしたら、もうあとは、建前で言うしかないよ。ね？

だから、私が本音を語ってるっていうことは、あんたがたに対して、少なくとも、ちょっとは信用しているっていうことを意味しているわけですから。え？

小林　今、本音同士のコミュニケーションをしているなかで、その本音の「妥当性」を、お互いに検証させていただいていると思います。

「大川隆法は認めるが弟子を認めることはできない」

下村博文守護霊　審議会のほうも、大川隆法氏については、「あんまり有名すぎて、これを否定することはできない」って言ってるわけだから、これはプラスですよ、君たちにとってはね。

（机を叩きながら）ただ、弟子のほうについては「実績がない」って言ってる。これは、客観的に見て、ないですよ。はっきり言って。週刊誌に叩かれても、それはおっしゃるとおりだ。「それだけのことを教えられる資格はあるのか」「甘すぎるんじゃないか」と言われたら、それはおっしゃるとおりだと、私は思いますよ、本当に。

それについてはちゃんと要件を満たすっていうか、納得させる材料をつくるのは、文科省の責任じゃなくて、やっぱり、君たちのほうの責任だと思うよ、基本的に。

（机を叩きながら）だから、もし、条件を満たせないなら、満たせるまで時間をかけるのはしかたないじゃないですか。

小林　ですが、「『満たせる、満たせる』と言いながら、認可を引き延ばしたい」ということを冒頭でおっしゃっていましたよね。

下村博文守護霊　（小林に対して）いや、あなたも、もとは役人だから分かるでしょう？　時間をかけたら、「慎重に検討した」っていうことになるな？

小林　ですから、こちらとしても、もちろん、適正努力はいたしますが、「本当は別の理由があって認可を引き延ばす」とか、「認可をしたくない」などというようなことであれば、これは、明らかに法律の趣旨に反することです。

そのことと、われわれの努力が要るということを、一緒にはしていただきたくないですね。

下村博文守護霊　うーん。

幸福の科学大学に対する「不審点(ふしん)」とは

下村博文守護霊　逆に、あんたがたの未来産業学部のほうは通りそうな感じになってるわけだから。少なくとも一つは取れそうなんですから、やっぱり、あとの文系学部のほうを、どうやってトランスフォーム（変形）させたら通るかを検討すべきなんじゃないですか。

小林　それが、大臣としての見解だと。

下村博文守護霊　だから、人間幸福学部にしたって、基本的には宗教法人幸福の科学のミッションそのものでしょ？　実際はね。それは宗教としてのミッションでしょうし、それを大学の学問にしようとしてるわけですから、学問化するのに適正なプロセスと時間がかかってるかどうか、それから、人材が育ってるかどうかをチェックされるのは当たり前のことじゃないですか。

小林　ですから、そこは、開祖が出ているということにおいて、弟子が三百年、四百年とかけて行っていく蓄積が、開祖の段階で、学問的にもできているわけです。

下村博文守護霊　だから、「開祖が亡くなったときにそれが続くんですか」っていうことを言われてるわけですからね。

小林　その養成システムが、大学を通じて出来上がりますので。例えば、何十年後とかにそれが機能しなければ、その段階で、その大学は世の中のニーズを満たせなくなるというかたちで、答えが出るわけですよ。

下村博文守護霊　要するに、学士として認めるだけの内容を備えてるかどうかが疑問に思われてるわけですよ。

内容ではなく形式主義的に判断を下すのが法治国家？

木村　ずっとお話を聞かせていただきましたが、幸福の科学大学の内容には踏み込んでいないですよね。

今回の意見も内容には言及されていませんし、先日の面接においても、「あなたがたは学会を何年やっているんですか。学会のメンバーは何人いるんですか。論文は何本あるんですか」といった形式要件ばかりをチェックされて、内容には踏み込んでこられませんでした。

「内容については、価値判断は一切しない」という形式主義でオーケーかどうかを決めるということでしょうか。そうであれば、われわれが、他の既存の宗教系大学で認められているものを形式的に満たせば、「認める」と言わざるをえないわけですよね。

下村博文守護霊　いやあ、それが法治国家じゃないですか。

木村　「ほかの宗教系大学ではオーケーしているのに、幸福の科学大学に対してだけ認めない」ということになれば、ある意味で、宗教的な迫害に当たることになりますね。

下村博文守護霊　だから、戦後、宗教がつくった大学で認められたのは、何校あると思ってるのよ。その数を数えてみたらいい。宗教は何万もできてるよ？　だけど、認められた大学は何校あるのよ。それを見たら、難度が分かるでしょう。

小林　幸福の科学のように、これだけの規模と影響力のある宗教が、戦後、幾つあったかという議論も、一方であるわけです。

下村博文守護霊　うーん。

九鬼　宗教でも、「知的影響力の違い」というのは感じられているのではないですか。

下村博文守護霊　うーん。それはあるよ。

九鬼　それでしたら、その違いの部分というのは評価されるべきではないでしょうか。

「弟子のこの世的な能力」をチェックしている

下村博文守護霊　創価学会なんかだったら、池田さんのほうは、かなり粉飾があるとは思われるけれども、弟子たちのほうには現実能力が高くて、この世的なものが高いわけですよ、すごくね。それでやってのけるところがかなりあるし、天理大もこの世的な能力はかなりありますよ。はっきり言ってね。だから、「この世的な能力が、あなたがたにあるかどうか」を、今、試されてるわけです。

われわれは、意地悪をしてるだけじゃなくて、あなたがた弟子の側が……、要するに、弟子たちで、それを運営してやってのけるだけの、この世的な能力が、現実的に備わってるかどうかをチェックしているわけです。これが突破できたら、「それは備わってる」ってことで、突破できなかったら、「備わってない」というだけのことですよ。

木村　われわれとしては、教団の職員千五百人のなかでも「法臘が二十年以上の本部講師」という限られた人数しかいない人たちのなかから選りすぐって専任教員として立てているんです。

下村博文守護霊　だから、まだ、世間では、カルトか、そうではない宗教かの境目にいるんですよ、そう言っても。宣伝広告は載ってますけどもね。例えば、守護霊がいるとか、霊界があるとか、霊がいるとかいうようなことは、学問的には認められてないんですよ。マスコミだって、公式には認められてないから、そういう記事は出ないんだ。いちおうね。フィクションとしてだったら、構わないけどね。

「幸福の科学と仲良くなると公明党が無理難題を吹(ふ)っかけてくる」

小林　その一方で、創価大学が認められた時点とか、天理大学が認められた時点とか……。

下村博文守護霊　彼らは、霊界を認めてないからね。基本的には。

小林　いや、そういう話ではなくて、要するに、「カルト的であるかどうか」とかいうところの認定の問題に関しては、すでに、幸福の科学は、その地点を超(こ)えた地点に来ています。だから、当会が「ノー」ということであれば、そもそも、創価大学や天理大学の存在自体がおかしくなるわけですから。

下村博文守護霊　いやあね、別に君らに敵意を持ってないよ。いいことも言ってるし、政権にとってプラスのことも言ってくれてるとも思うこともあるけども、政党をつくろうとしている以上、「いつ、どう寝返(ねがえ)るか」は分からない状態にはあるよなあ。

それで、「君らと、仲良くなることによって、公明党がよけいに無理難題を吹っかけてくる」という状況にあることも事実であるから。損得勘定でいくと、まだ向こうのほうが、勢力的には票数が多いですからねえ。やっぱり、強いですわね。この世的に見ればね。

それと、新宗連が、全部、敵に回るかどうか。伝統宗教だって、天台宗以下、いろいろなところにも攻撃をかけてるようだから、このへんも、やっぱり問題は出てきますね。必ずね。だから、全体的に票数に影響が出てくるので、私一人で負いかねるものがあるということだね。

安倍さんだって、あんたがたをプラスと判定しているわけじゃなくて、安倍さんのことを二十点と言ったり、三十点と言ったり、まあ、零点かもしらんけども、とにかく、「合格じゃない」とおっしゃっている。公式に本で出しておられるわけですから。だから、ネガティブに、「失敗、失政と判断してる」と言う団体について、これを認めるわけですから、それは、ちょっとスーッとはいかない部分があるわねえ。それは、副総理だけの意見ではないわねえ。安倍さんだって、いつ、いじくられるか分からない状態にあるもんだから。

小林　消費税のところでは見解の違いがありますけれども、それ以外のところでは、かなり後押ししているところもあるので、そこはトータルでの大局の判断になります。

条件を全部呑んでも、また新たなクレームが出る？

下村博文守護霊　まあ、あんたがたが焦っても、そんな簡単にはいかないですね。うちらの審議会が言ってたことを、全部、呑んだとしても、それでも、また、やっぱり新たなクレームが見つかるよね。

小林　要するに、そこに本心があるわけでしょう？　だから、そういうことをずっとお尋ねしているんです。例えば、いろいろとおっしゃることを、仮に十個を満たしてオッケーになったとしても、実は、その段階で、「十一個目が出てくるぞ」ということをずっとおっしゃっておられるわけですね。その考え方自体は、いかがなものでしょうか。

木村　要は、「認める気がない」ということですか。

下村博文守護霊　だから、「あなたがたの宗教にお墨付きを与えて、国家公認の宗教にする」っていうことには、敵の数が多すぎますし、難しいところがあるので、「それだけのリスクをこっちが背負う」っていうのは大変だなって思ってる。

小林　一大学の認可ではないですか。例えば、「国教化する」とかいう話ではなくて、「天理大もできた」「創価大もできた」という大学を一校認可するということの話なので。

「大学で〝洗脳教育〟をされると困る」という発言

下村博文守護霊　まあ、客観情勢は、一校も認めたくないの。おたくだけじゃなくてね。老人介護を中心にするような人たちを育てるような大学だって、何校か上がってるけども、それだって、ほんとは予算を食うだけだったら、認めたくないところがあるわけですから、それは一緒なんですよ。認めたくない。

小林　福祉予算が厳しいという状況の話と、わずか、一つの大学の大学助成金の話では、全然、種類が違います。桁が三つも四つも五つも違う話です。向こうの大学には、そういう客観的な厳しさがあるかもしれませんが。

下村博文守護霊　うん。だから、大学をつくって、〝洗脳教育〟をやるだけだったら、ちょっと困るところはあるからね。

小林　いやいや、また、〝洗脳〟とか、物騒な発言をされましたけれども。

下村博文守護霊　いや、幸福の科学の教義に基づいて、全部教えるっていうんだったら、〝洗脳〟とほとんど変わりませんから。それに対して、大学という一つの国家資格を与えるっていうことは、やっぱり、ちょっと問題があるからね。

小林　いや、ですから、それはミッション系大学の神学部において教育をしているということと、別に変わらないわけなので。

下村博文守護霊　だから、われわれが恐ろしいのはね……。大川隆法さんが頑張って、すごいのは知ってますよ。知ってますが、こういう場合は、だいたい一代で終わることが多いんですよ。だから、この人が死んだら、それで終わることが多くて、教勢がザーッと下がってくる。そうしたら、大学だってもたなくなってくる。みな、そういうことをだいたい知ってるわけ。歴史的っていうか、常識的には。

だから、三代ぐらい続いて、それで教勢が衰えないようだったら、それは社会性があるし、市民性があるし、ニーズが出てきても当然なんですよ。

小林　いや、それは、文科省や文科大臣が決めることではないですよ。それは、〝マーケット〟が決めると思います。

「大川隆法を人間幸福学部長に据えたら、通る可能性がある」

下村博文守護霊　まあ、敵の話をいっぱいしたけどね。それは大川隆法さんの実績はすごいとは思うけどども、そう言ったって、今度はマスコミだけじゃなくて、作家連中からだって、嫉妬をいっぱい買ってるわけですから。

小林　それは知ってますよ。

下村博文守護霊　まあ、すごいんです。敵はものすごい数いるんで。それをなぎ倒して進んでいるわけですから、そんな簡単ではないですよ（笑）。だから、〝城壁〟を登らなきゃいけないわけですから。そのぐらいねえ、突破してくるぐらいの弟子の力がなかったらねえ、君ら駄目ですよ。そのぐらいの言論力では無理だわ。はっきり言うて。

木村　では、「これから戦わせていただく」ということですね。はい。分かりました。

下村博文守護霊　だから、今やるとしたら、もう、教団を潰すことを覚悟の上で、大川隆法氏を人間幸福学部の教授に据えて、学部長に据えてやらすことですよ。そうしたら、通る可能性はありますよ。それだったら、納得するかもしれない。

通したいなら、「下村博文を総理大臣に」という運動を要求

木村　最初から最後まで、結局、お金の話、あるいは、政治的な駆け引きの話であって、教育に対する熱い情熱とか、人材育成に対する夢とか、「人を育てることで、ど

のような国家をつくりたいか」ということに対する見識とかが希薄であられることが分かりました。

下村博文守護霊　いや、そんなことはない。そういうことを言ったら、君らの大学は通らないんだよ。だから、「下村博文を総理大臣に」（机を叩く）っていう運動をやるぐらいじゃないと。そのぐらいのデモをやって、ビラを撒(ま)くぐらいやらないと、そらあ、駄目なんじゃないの？

　そのぐらいすればねえ、それはちょっと、やっぱり変わるんじゃない？　君らは、ちょっと考え方が間違ってんじゃない？　「攻(せ)めたらいい」と思ってんだったら、間違いですよ。ＮＨＫと朝日新聞の前で、「下村博文が、次の総理大臣にふさわしい」っていうビラでも撒きなさいよ。そうしたら話は違いますよ、全然。

木村　だいたい、お考えが分かりました。

下村博文守護霊　政治家っていうのは、こういう生き物ですよ。

　だから、こういう生き物が理解できないなら、幸福実現党のみなさんに政治家になる素質はないから、諦めたほうがいいよ。宗教は宗教で生きていきなさいよ。
政治っていうのは、こんな汚い世界なんですよ。この汚いねえ、ハイエナみたいな世界のなかで、生き延びなきゃいけないのよ。死体をあさりながら生きていくのよ。これが政治家の世界なんですよ。そういう悪いやつとも付き合わなきゃいけないんですよ。ヤクザみたいな連中といっぱい。政治家は、宗教だけでもいろんな〝変なの〟と付き合って生きていかないかんのですよ。トータルで勝利を収めないと、首がなくなるんですよ。こういう世界なんですよ。
だから、ほんとに、君らが純粋な宗教だったら、宗教のなかに籠もって、ちゃんと、そのなかで耕していただきたいなというのが私の本心です。

九鬼　ありがとうございました。

下村博文守護霊　うん。

小林　〝ご高説〟、本当にありがとうございました。

下村博文守護霊　はい、はい。

10 下村博文守護霊の霊言を終えて

明らかになった「最終判断をする人」の考え

大川隆法　このような方でした。何か参考になりましたでしょうか。

木村　はい。ずいぶん……。

大川隆法　考えていたことは、全然、違ったでしょう？

木村　はい。全然、違いました。

大川隆法　甘かったでしょう。

木村　甘かったです。

大川隆法　あなたがたは、挨拶をしたら、それで十分いけると思ったのでしょう。考えが、全然、甘かったですね。確かに、他宗教からの突き上げは、そうとうあることは事実ですし、創価学会のほうは、公明党を通じて、「いやよ、いやよ」をたくさん言い始めると思いますので、おそらく材料にはなるでしょう。そのあたりを乗り越さなければいけないわけです。

安倍首相に〝不合格点〟を出したことが響いているのでしょうか（笑）。九十点をつけなければいけなかったのでしょうか（笑）。自業自得でしょうか。何かについて、「不合格」と言っていますし、「燃え方が足りない」と言っています。

木村　私たちは、正論を説き続ける団体でありますから、そういった駆け引きのなかだけに身を置くということは、ある意味での敗北だとも考えています。

大川隆法　まあ、そういうことですが、「考え」は分かったでしょう。

木村　はい。

大川隆法　これが、「最終判断する人の考え」です。最終的に審議会を通るかどうかは、ここの判断ですから、どこまでできるかは知りませんが、お考えください。

ただ、「とにかく、十月の増税を通したいから、それまで幸福の科学を悩ませたい。這いつくばらせてお願いをさせたい」ということが戦略だと思います。安倍内閣としては、黙らせたいわけです。とにかく頭を下げ続けさせたいのです。そうでなければ、「今年、通さないほうがよい」ということでしょう。基本的には、そういうことです。

ですから、釈党首の幸福実現党がもつかどうかという戦いです。「大学が認められたら、今度は政党のほうが有利になると計算している」ということは、向こうも知っていることです。そして、創価学会のライバルに名乗り上げてこようとしていることを十分知っているので、「連立相手はもっとごねる」ということになります。

政治とは、こういう世界のようです。「駆け引き、駆け引き、駆け引き」という世界のようです。

でも、一点、「条件を全部クリアすれば、文句をつけられない。ほかのところに声をかけても、それを全部説明できるような状況の場合は認めざるをえない」と言っているわけですから、「どこまですれば、それを認めるのか」というところを引き出して詰めるしかないでしょう。

木村　そうですね。力のかぎりを尽くします。

今回、問題になった「弟子の実績」をどうするか

大川隆法　消費税については、別の問題としても、「弟子のほうに実績がない。教育者としての実績がない。大学教育の実績がない人が中心になっている」というところを攻められ、ある程度、記事で書かれたら、みな、そう思うところもあるでしょう。

やはり、君たちも、にわかに宣伝しないといけないのではないでしょうか。

さらに本心を言えば、「大川隆法が来て、頭を下げなさい」と言いたいところでしょ

う。実際は、「頭を下げに来い」と言っているのではありませんか。

木村　（下村氏が）こういう人格であることが分かりましたから、とてもではありませんが、弟子のレベルでも、なかなか、〝股（また）くぐり〟ができない人だということは明確になりました。

大川隆法　こちらでできることはやります。教学部門で足りない部分は補う努力をします。

やはり、宗教の教学部門から、「人間幸福学」という学問が成立するかどうかについては、内容にもっと専門性をつくらないといけない部分があります。また、「経営成功学」についても、経営をしている人ほど、「そんなものは、あるわけない」と否定してくるでしょう。なぜなら、失敗していることのほうが多いからです。

こういうところが、いろいろとあるでしょうから、もっと〝武装〟をしなければいけないと思います。

九鬼　こちらでも、一生懸命（いっしょうけんめい）にやっていきます。結局、弟子の実績がポイントでございますので。

大川隆法　まあ、いいです。だいたい、相手の考えが分かりましたので、このくらいで終わりにします。

質問者一同　ありがとうございました。

第2章

下村博文守護霊の霊言②

二〇一四年五月二十七日　収録

東京都・幸福の科学　教祖殿　大悟館にて

質問者

大川紫央(おおかわしお)（幸福の科学総裁補佐(そうさいほさ)）

［役職は収録時点のもの］

1 「学長の見識」で無理難題を言う下村氏守護霊

招かれざる訪問者、下村氏守護霊の目的は？

下村博文守護霊　（咳）おほほっ、ううーん。うん。（舌打ち）揉めてるようだねえ。

大川紫央　下村大臣は、なぜ今日はいらしたんですか。

下村博文守護霊　うん？「なんで」ったって、揉めてるから。

大川紫央　いいえ、揉めさせている張本人ではないですか。

下村博文守護霊　何言ってんの。こちらは受けて立つ立場だからさあ。

大川紫央　今日は、何か意見をおっしゃりに来てくださったんでしょうか。

下村博文守護霊　うーん……。まあ、基本的に、教団の成熟度が足りてないと思うな。

〝人〟がいないじゃん。

大川紫央　でも、まことに失礼ですけれども、下村さんも、経営したことがあると言っても、塾の経営でいらっしゃいますよね。早稲田の教育学部のときに、私塾を経営されて。

下村博文守護霊　今、文部科学省っていう、〝おっきな団体〟を経営してるからな。

大川紫央　いいえ、経営していないですよ。上に〝乗っている〟だけではないですか。当会の職員のほうがいろいろ経営していますよ。

下村博文守護霊　そんなことはない。まったく無名ですので。あなたがたのプライドから見たら、ちゃんとした高名な人を立てないと駄目なんじゃないの？

大川紫央　例えば、どんな人だったら学長として許されるんですか。

下村博文守護霊　（幸福の科学学園の中高生には幸福の科学大学に）「東大、早稲田を蹴って来い」と言ってるんでしょう？　だから、責任があるでしょう、責任が。ええ？

（注。そのような事実はない）

大川紫央　学長に関する省令にも、「学長となることのできる者は、人格が高潔で、学識が優れ、かつ大学運営に関し識見を有すると認められる者とする」とあります。

下村博文守護霊　最後の二つが駄目だよ。まあ、宗教だから、「人格」ぐらいは認めてやってもいいけども、「学識」がないもん。本も書いてないでしょ？

大川紫央　でも、大学運営に関しては、「識見を有する」ということであって、大学で働いたことがあるかというところには、何も規定はありません。

下村博文守護霊　大学には何千人も先生がいるんだからさあ。そういった意味では、大学で働いてたほうがいいよ。ある程度経歴がなきゃあね。

大川紫央　とにかく認めさせない方向ですか。

下村博文守護霊　「人材」を持ってないのは、教団として力がない証拠だからね。

学長の条件は、最低でも帝大系か早慶で学部長以上の経験者？

大川紫央　どんな人なら学長が許されるのですか。単に、教授をやった経験のある人でもいいんですか。

下村博文守護霊　いや、難航するね。だって、大学ランクに差があるからね。教授といったって、二流、三流大学の教授が多いだろうから、なかなかスッとはいかんわね。まあ、最低でも、帝大系か早慶あたりで教授やって、学部長以上の経験は欲しいところですよ。できたら、学長経験がある人を呼んできてほしいですけどね。

大川紫央　でも、そんなことを言ったら、新規大学は建てられません。

下村博文守護霊　いや、学長だって任期がありますから。選挙があって、交代がありますから、経験した人はいっぱいいますよ。

大川紫央　「早稲田以上の大学で、教授経験がある」ということですか。それとも、「早稲田出身だったら、ほかの大学の教授でもいい」ということですか。

下村博文守護霊　「教団としてのプライドはどの程度でいいんですか」というところですよね。（あなたがたは）ハーバードを超えるんでしょう？　世界一なんでしょう？

大川紫央　つまり、「理想を大きく言うわりに、人がいないじゃないか」というところに腹が立つわけですか。では、どんな人ならいいのですか。

下村博文守護霊　例えば、創価大や天理大には、それほど有名な教授はいませんよね？

大川紫央　そんなの、おたくと一緒さ。なかでは有名だよ。

下村博文守護霊　それなら、うちもよいのでは？

大川紫央　創設のときがだいぶ昔だって言ってんだよ。ううん？

下村博文守護霊　昔も今も、それほど要綱は変わっていませんが。

大川紫央　そのときには、私たちはいなかったんですし。

下村博文守護霊　それならば認めるべきですよね？　役所は慣例主義でしょう？

下村博文守護霊　でも、大学の学長経験者なんて、日本中に幾らでもいるもん。四年ぐらいの任期で交替してますから。経験者はたくさんいますよ。

「世間では『幸福の科学大学学長は有名人を呼ぶ』と思うはず」

大川紫央　文部科学大臣は、最終的に、幸福の科学大学をどうしたいのですか。

下村博文守護霊　法律に則って、客観的に、公正中立で判断していく。要件を満たしてください（手を一回叩く）。幸福の科学大学だったら、当然、ノーベル賞級の人を引っ張ってこなきゃ駄目なんじゃないの？

大川紫央　そんな大学はほとんどありませんよ。ところで、ある大学には「創生工学部」というのがありました。こんな変わった名前の工学部もあっていいのですか。

下村博文守護霊　なんだか、通ったんでしょうよ。

大川紫央　「経営成功学部」の名称が駄目なのに？

下村博文守護霊　あなたがたはね、そんな立場じゃなくて、もうちょっと政治性もあるし、団体行動もしますしね。

そんなところ、誰も批判しやしないんですよ。潰れなきゃいいんですよ。そんなこの影響なんか。ただ、あなたがたのは、やっぱり影響が大きい。政治的にも、マスコミ的にも、他教団にも影響が大きいですから、守りをしっかりしてくれないと困ると言ってるんでしょう。

大川紫央　まあ、それは、おっしゃるとおりですね。

下村博文守護霊　大学が袋叩きにあったら、たちまち教団のほうが困るじゃないですか。ちゃんと、しかるべき人を用意しなきゃいけないから。「拙速がいいというわけではない」ということを言ってるわけでね。やっぱり、そうは言ったって。「九鬼、WHO（誰）？」なんですよ。「幸福の科学大学の学長になる」といったら、そこそこの有名な方ぐらい呼んでくると、みんな思うもん。

大川紫央　本当にそう思っていますか。

下村博文守護霊　当たり前ですよ。だから、「格が足りない」って言ってるんじゃないですか。少なくとも、世間が認めてるぐらいの学識は必要ですよね。さらには、「教育への情熱」と「運営経営能力」が必要ですよね。まあ、ただの研究者だけでも駄目でしょうね。

大川紫央　運営経営能力は、出版社の社長をしていても駄目なのですか?

下村博文守護霊　あんな小さいもんでは駄目でしょうねえ。

大川紫央　え? 小さいですか。それなら、当会はそれほど影響力がないのではないですか。

下村博文守護霊　大学はもっと大きいんでしょうから。もっと大きいのを目指すんでしょう?

「審査」という名で妨害するのを親切と言い張る下村氏守護霊

大川紫央　では、その「例えば」の人を教えてください。あなたや文科省がおっしゃる基準は不明瞭です。

下村博文守護霊　もちろん、不明瞭ですよ。だけど、あなたがたの影響力と、社会的名誉心が非常に強いですから、それ相応の人でないと乗り越えられないって、親切で言ってるんですからね。東大、京大、阪大、早慶の総長経験者ぐらいでしたら、問題なく通ります。

大川紫央　何だか無理難題を吹っかけてきている感じが否めません。

下村博文守護霊　世間一般の人と見て、本当に九鬼さんに学識がありますか。

大川紫央　今の政治家にしても学識はないと思います。大臣を張っていても学識があるわけではないでしょう？

下村博文守護霊　いや、私は選挙で選ばれたんですから、別に構わないんですよ。リンカンだって選ばれて大統領になった。その方式ですから。
大学では、学識経験者のなかから、運営能力のある人、人望がある人が選ばれて学長になる。学内選挙を受けて学長になるわけです。初代になりますと、それ相応の人じゃなきゃいけないことになります。

大川紫央　では、例えば、同志社大学の創始者である新島襄などのような人は、みな、その時点で有名だったのですか。

下村博文守護霊　だからねえ、こうなったら、大川隆法がそれ（条件）を通す以外に方法はないんですよ、今んところ。

大川紫央　いや、そんな厳しい条件は、法令等で規定されていません。

下村博文守護霊　新設大学を認める必要なんか、何もないんですから。

大川紫央　それでは、大学を質量ともに高めたいという大臣の方針を、国民に対して明確に撤回してください。田中眞紀子さんのように、「大学は認めない」という方針ということで。そうしないと私たちも納得できません。幸福の科学大学以外に申請中の看護・医療系の四大学も要るのですか。

下村博文守護霊　いや、通るかどうかは知りませんよ。

大川紫央　では、全部撤回したらよいのではありませんか。

下村博文守護霊　まあ、少なくとも、ほかの大学もリストラされる可能性が高いんですから。これから毎年潰れていきますからね。

大川紫央　潰れるかどうかは、こちらの自由でしょう?

下村博文守護霊　秋田の国際教養大学ぐらいで、東京外大の学長（中嶋嶺雄氏）を連れていってるんですからね。大きな教団が、この程度の政治力を持ってないようじゃ駄目ですよ、これ。

大川紫央　文科省は教育を広める義務があるはずですが、それを妨害するのはよくないと思うのです。だから、協力的になるべきでしょう。

下村博文守護霊　妨害はしてないですよ。審査してるだけですから。

大川紫央　その審査基準が一定ではないではありませんか。

開学を望む「国民の声」を下村氏守護霊は無視するのか

大川紫央　結局、どうしたいのですか。

下村博文守護霊　いや、私たちは、何にもしたくはありませんよ。あなたがたがしたいんであって、私たちがしたいわけじゃないんだ。

大川紫央　どちらなのですか。潰したいのですか。

下村博文守護霊　私たちは何もしたいわけじゃない。おたくが「つくりたい」と言っても、なんで急いでつくらないといかんのか、私たちにはその理由がさっぱり分からない。

大川紫央　それでは、そのように全国民に言ってください。

下村博文守護霊　全国民は関係ないよ。おたくのなかにしか関係ないよ。

大川紫央　みな〝出資〟しているのと同じなんですよ。「こういう大学が欲しい」ということで……。

下村博文守護霊　それは返金でしょうね。

大川紫央　「こういう大学が欲しい」というのも「国民の声」ですよね？

下村博文守護霊　返金訴訟ですよね。

大川紫央　大学を望んでいる国民が、一部にいるんですよ。それに対し、あなたは文部科学大臣として、どう説明されるのですか。幸福の科学の信者は「国民」ではないのですか。

下村博文守護霊　うちは、「（学長を）ちゃんと世間に通用する人にしてください」と言ってるだけで、「引っ張ってこられませんでした」と言うなら、それはしょうがない。

大川紫央　しかし、幸福の科学学園の中学・高校だって成功していますよね?

下村博文守護霊　だって、ほかのところの条件を、そうとう呑（の）んだじゃないの、学部まで。ヘンテコリンな名前のところまで呑むって言ってるんだ。ここまで下りてきてるのに。

結局、「文科省の言うことをきかないから生意気（なまいき）だ」が本音?

下村博文守護霊　だから、「九鬼が気に入らんのだ」って言ってるんじゃないの。何回言ったら分かるのよ。

大川紫央　結局、気に入らないんでしょう?

下村博文守護霊　そうだよ。「学識経験がない」って、ほかの人がみんな言ってるんだから、しょうがないじゃないの。「あんなの、学者じゃないし、大学経営者に向いていない。ただのビジネスマンだ」って、みんなで言ってるわけですよ。自分らの仲間になれる人かどうかぐらい、分かるんですよ。

大川紫央　では、誰ならよいのですか。

下村博文守護霊　知りませんよ。だから、「みんなが納得する人を連れてきなさい」って言ってるんだよ。

大川紫央　「納得する人」というラインを決めてください。教授経験者でいいのか……。

下村博文守護霊　人によります。教授経験者でも、湯川秀樹みたいな人だったら、そらあ通るでしょうねえ。

大川紫央　それではハードルが高いでしょう？　湯川秀樹は世界に一人なんですから。

下村博文守護霊　そんなことないですよ。あのくらいの学者、いっぱいいますよ。

大川紫央　（STAP細胞の件で）小保方さんを潰したのに、よくそんなことを言いますね。文科省もひどいですね。湯川先生のように優秀な科学者になる種を潰しておいて。いちゃもんばっかり、つけないでください。

下村博文守護霊　少なくとも、弟子の能力がないことを悟ることも勉強なんじゃないの？　これで、経営成功学部は成り立たないことを自覚するでしょうから。「経営失敗」するんでしょ？　経営成功学部は、これで潰れます。

けっこう生意気なんですよ。文科省が言ってることを全部きかないんだから。最初から、「ちゃんと言うことをきけば通す」って言ってんのに、きかないんだから、しょうがないじゃない。

大川紫央　大学を設立する時点で、別に、文科省から税金をもらっているわけではありませんよね。なぜ、そんなに国民の自由を縛るんですか。

下村博文守護霊　「ニーズがない」って言ってんのよ。（幸福の科学の）なかにしかない。

大川紫央　別に、文科省の人は国民に選ばれた人間であるわけではなく、試験に受かって文科省の人が選んだだけの人でしょう？　国民が選んだわけではありません。

下村博文守護霊　それは、試験に選ばれたんだよ。国家に対する信頼があるわけですから。国家が選んだのですから。判断するために置いてあるんですから。

大川紫央　国家と言っても、結局、〝国民〟ではありませんか。

今年、設立させたくないのですか。

下村博文守護霊　まあ、とにかく、何でも急いでるな。あんたがたはね。

大川紫央　なぜ、急いでいるか急いでいないかを、あなたがたに言われないといけないのですか。

下村博文守護霊　世間から見て、急いでる。そんな〝特別サービス〟をしなければいけない理由を説明しなきゃいけないんだ。

大川紫央　そもそも、〝特別サービス〟でもなんでもないはずですよ。

下村博文守護霊　〝特別サービス〟ですよ。もっともっと時間をかけてやらないといけないですよ。

大学開学より一流大への進学実績づくりを勧める下村氏守護霊

大川紫央　では、学部の名称に関する規定は、法令にあるのですか。ないでしょう?
なぜ、そんなことで、いちいち言われなければいけないのですか。

下村博文守護霊　今度、裁判所に行ったら、裁判所の判決文を読んでみな。判決に書いてるんですから。それしか方法ないでしょ。

大川紫央　学部について、何か判決でもあるんですか。

下村博文守護霊　だから、「前例がない」って言ってるじゃない。

大川紫央　前例主義にしても、「学部の名称は、過去にあったものの名称でなければいけない」と決められているのですか。

下村博文守護霊　いやあ、学識経験者の審議会で「それを認める」と言えば通るわけですけども。

大川紫央　朝日新聞の社説にも、「審議会のようなものは政治家の隠れ蓑だ」と書かれていましたよ。

下村博文守護霊　もちろん、そういうところもあるかもしらんけど、「専門家の意見を聞く」という慎重な態度を取ってるわけですから。あのねえ、おたくだけが認められないと思ってるんだったら、被害妄想ですよ。

東大学長が「秋入学にしよう」としたって、やっぱり反対で潰れてるんですからね。そんなにうまいこと、自分らだけ行かないですよ。ほかの大学にまで影響するし、就職に影響するしね。留学生を出したいだけで、そんなことはいけないんで、その義務も個人が負担すべきだ。東大総長が言ったときだってならないんですから。東大にだって、ちゃんと拒否してるんですからね。駄目なものは駄目なわけで。

大川紫央　幸福の科学大学をつくっても、最初は、大半が信者だと思います。ほかの宗教に何か支障があるのですか。

下村博文守護霊　信者が〝聖域〟を増やそうとするんだったら、せっかく中高でいい学校ができつつあるんだから、進学実績を伸ばして一流大学に入ったほうが、社会的に影響力が増すじゃないですか。そのほうがずっといいのに。

大川紫央　私たちは、そう考えていませんので。

下村博文守護霊　あとは、文科省が言い訳するのは、とにかく、書類に不備もなく、何ら疑問点がない状態だったら、「『本当に通すしか方法はございません』ということで、通すしかありませんでした」と国会答弁しなきゃいけない。

国会答弁しなきゃいけないほうの気持ちも考えてくださいよ。「それについて話しやすいように努力してくれ」って頼んでるんだから。

だから、そんなヘンテコリンな学部をいっぱいつくられても、これまでに受けようとして、そうとう譲歩してるんですからね。せめてね、学識経験者を一人ぐらい引っ張ってきなさいよ。

大川紫央　しかし、現時点では三学部の予定で、全員合わせても、本当に少ない人数ですよ。

下村博文守護霊　いや、それでも、千人ぐらいの大学になるんでしょ？　四学年でね。千人を教育しなきゃいけないですし、経費や運営コストもかかるわけでね。それも、納得させるんでしょ？

2 「消費税増税」に固執(こしつ)する下村氏守護霊

大学設置をなかなか認めない理由は「宗教法人への差別」か

大川紫央　申し訳ありませんが、どんな大学ができて、どんなものかといったことを、国民に対して明確に開示していますか。

下村博文守護霊　逆に、あんたがたが、そういう、学識経験があって、経営ができて、人に対して、「こんな大学になる」っていうPRを十分に訴(うった)えてないんですよ。自分らだけで内々(うちうち)の内緒(ないしょ)主義でやっているけど、（対外的に）十分に納得(なっとく)させるだけのものが必要なんですよ。

大川紫央　しかし、それに関する本も出しています。

下村博文守護霊　そんなの甘(あま)い。まだ十分に浸透(しんとう)してません。

大川紫央　でも、普通の大学がつくるよりも支持母体はかなり大きいと思います。でも、「どれだけの人が志望してくるか」などといったことは、一般的な大学をつくるときにも分からないことではないですか。

下村博文守護霊　旧宗教なら、もうちょっと風当たりも少ないんだっていうに。新宗教だから厳しいんだっていうのに。新宗教で、大学をスッと認めるっていうの、そんなに簡単じゃないんですから。まあ、「それだけの汗を流さなきゃいけないんじゃないですか」と言ってることですよね。

大川紫央　でも、宗教法人法改正の論議をしているなかでも、「新興宗教だと言って、一括りにして考えていっては駄目だ」と、みんな言っていますよ。

下村博文守護霊　まあ、そのぐらいの差は分かってますよ。

大川紫央　個別に見ていかないかぎり、なかなか意見を言えるものではないし、「信教の自由」に反するかもしれないから、そういうふうに一括りでまとめて法改正したりするのは難しいと言っていますよ。

下村博文守護霊　とにかく、自分たちの都合で、できない話ばっかりするから、あんたがた駄目だわ、ほんとに……。

大川紫央　できない話？

下村博文守護霊　特権を伴うんですから、これを認めるということは。

大川紫央　どんなところが？　それは、宗教法人への単なる差別じゃないですか。

下村博文守護霊　大学ができるということは、ちゃんとした〝特権〟ですよ。そこで教育した人が、専門の学士として社会的に認められるんですから。

大川紫央　ダイエーなども流通科学大学を出しましたよね。幸福の科学を一種の企業体として見ても、ダイエーに劣るとは思わないのですが。

下村博文守護霊　まあ、それでも、球団幹部をやるのとは違うからねえ。流通大学だって、それなりのものをつくるだけの学者さんを集めてきたと思いますよ。

まあ、この教団の問題なんですよ。うちの問題じゃないんですよ。ここの教団、教祖が、弟子が本来やらなきゃいけないとこまでつくってやってるんですから。単に、こういうものでの幹部の政治力が足りてないんですよ。だから、黒川だとか九鬼だとかいるけど、ちゃんと大学の方針だのテキストだのをつくって出せるだけの力が必要だと言っているわけですよ。

大川紫央　では、ダイエー等の普通の企業の役員をしている人たちと、当会の役員をしている人たちとは違いがあるんですか。

下村博文守護霊　当たり前でしょう。上場企業と新宗教の役員とは全然違いますよ、それは。

大川紫央　そういう考えを言う時点で、新宗教に対する差別をしています。それは偏見です。

少なくとも三世代たたないと新興宗教は何もしてはいけないのか

大川紫央　文科大臣や審議会の人が、一定数の国民が「こういう教育を受けたい」と望んでいるのに、その権利を奪う自由はあるんですか。

下村博文守護霊　だけど、大学の学長とかが、九鬼さんと「同僚（学長）にはなれない」って言ってるわけですから、しょうがないでしょう。

大川紫央　ただ、審議会にしてもメンバーが入れ替わるのでしょう？

下村博文守護霊　少なくとも、あなたがたにとっては、比較的、思想的に距離が近い政権である段階でさえ通らないんですから。

大川紫央　あなたがたの意見には、「どんな人なら受け入れるのか」という筋が見えません。

下村博文守護霊　もうちょっと優秀な人じゃないと、生徒のニーズに合ってないんでしょ。だから、ちゃんと東大や早稲田、慶応に行くのが幸福なんだ。そっちに行きなさいよ。

大川紫央　結局、新興宗教は何もできないんですか。数千年たたないと、何もできないんですか。

下村博文守護霊　数千年かかるとは言ってませんよ。まあ、少なくとも三世代ぐらいが普通だと思ってる……。

大川紫央　それでは百年単位ですよね。

下村博文守護霊　だから、私たちが言っているとおり、「一代で終わるかもしれない宗教だ」と見てるということです。

大川紫央　一代で終わらせないために大学を建てるんです。

下村博文守護霊　一代で終わる宗教の場合には、連鎖して、大学も潰れるんです。現実に学生を引き受けて、卒業できないやつとかが出てる大学もあるわけですから。

大川紫央　しかし、それは企業と同じで、大学にしても、自由競争のなかで淘汰されていくべきなんですよ。

下村博文守護霊　少なくとも、大学経験者でもない者が学長に立つなんて考えること自体が、もう幼稚なので。やっぱり、基本的には、企業のレベルまで行ってないと思いますよ。(九鬼が)幸福の科学出版の社長なんて言っても、まったく出版業界の仕事なんかやってないでしょ?

まあ、あれですねえ、東大にでも一生懸命すり寄って、ごますって、東大の先生で、定年の来た人でも引っこ抜いてきて据えたらいいんじゃないんですか。せっかく、今の総裁が東大を出てるんですから。

「こんな難しい案件は触りたくない」という本音が出る

大川紫央　なぜ来られたのですか。今晩、意見を言いに来る必要があるのですか?

(注。招霊をしていないにもかかわらず、下村博文氏守護霊が自ら幸福の科学教祖殿

大悟館（たいごかん）に来た）

下村博文守護霊　あんたねえ、勘違（かんちが）いしないでよ。あんたのほうが揉（も）めてるから、私が来ているんであって。

大川紫央　それならば、文部科学大臣として解決してください。

下村博文守護霊　私が来たくて、ここに来ているわけじゃないの。はっきり言ったら、こんな難しい案件は、もう、みんな触（さわ）りたくないんですよ。文部科学省の職員だって、かかわったらどうなるんだか、あとが……。

大川紫央　しかし、幸福の科学が社会的事件を起こしたことはありますか。

下村博文守護霊　いつもやってるじゃないの。いつも事件を起こしてますよ。

大川紫央　起こしていません！　あなたの信奉（しんぽう）している宗教や他の宗教のほうが、よほど事件を起こす可能性があると思います。

下村博文守護霊　真光とかは、隠（かく）れてて、外へ出ないですから。社会に対して意見を言わないので、個別の事件以外は起きません。あなたがたは社会的に巻き込んでいきますから。

大川紫央　私たちは真理を弘めているのです。

下村博文守護霊　宗教法人で十分にできてるんでしょう？　それでいいじゃないですか。だから、学生も教育したらいいんですよ。

大川紫央　そもそも認可制でしょう？　あなたがたに許可してもらう筋合いはないのでは？

下村博文守護霊　まあ、でも、法律があるわけですから、その見識を有しているっていうことだな。

大川紫央　でも、「大学勤務の経験がある者」とは書いていませんよ。

下村博文守護霊　いやいや。でも、やっぱり、人格と、見識と、あと運営できる人がいくわけですから。筑波大学だって、江崎玲於奈博士を学長として連れていったわけですからね。そんなもんですよ。東京教育大学から筑波大学が新設されたあと、ノーベル賞を取った江崎玲於奈博士あたりをちゃんと据えましたからね。

自分が火種となって安倍政権が崩壊するのを恐れる下村氏守護霊

大川紫央　そもそも、あなたがたを含め、政治家や社会が、「新興宗教は悪だ。カルトだ」という偏見を張っているから、こうなっているのではないですか。

下村博文守護霊　社会的に信用のある人が学長にならなきゃいけないわけなんですよ。それが、大学を守って、学生がちゃんとした教育を受けて、そこを出た人が就職できるというふうなお墨付きになるわけですから。その人の名前で卒業証書が出るわけです。

大川紫央　ただ、その人もどんどん替わっていきます。

下村博文守護霊　だけども、まあ、一定のレベルができますからね。最初が大事ですよ。

大川紫央　例えば、どんな人を推薦しますか。

下村博文守護霊　うん、まあ、まあ……。基本的に、私は、あんまり責任を負いたくはないんです。私が火種になって政権が壊れると嫌だからね。

大川紫央　「集団的自衛権」のところで終わるかもしれないでしょう?

下村博文守護霊　だから、今、囲まれているのに、これまた火種になって、ほかの週刊誌、テレビ、新聞等が攻撃の材料に使ってきて、国会喚問だの言い出したら、教団のほうにも迷惑がかかりますのでね。そうならないほうが、あなたがた教団にとっても利益が大きいだろうし……。

大川紫央　そこまでマスコミが騒ぎますか。

下村博文守護霊　いや、騒ぎますよ。けっこう騒ぐと思いますよ。今、一生懸命、安倍政権を引きずり下ろそうと攻めてるときですので。できるだけ火種には触りたくありませんよ。

大川紫央　それなら、そのまま引き下ろされればいかがですか。そもそも、当会の出している政策がなければ、あなたがたはその地位にいないのですから。

下村博文守護霊　まあ、それは、あなたがたの考えですけどね。

大川紫央　では、私たちの政策を参考にしていないというのですか。

下村博文守護霊　別に……、さまざまにあるもののなかから、考えを比べて……。

大川紫央　〝政治家の答弁〟はもう結構です。

下村博文守護霊　関係ないんです。大学の設置に関しては、今、主導権はこっちにあるの、分かってんですから。

大川紫央　しかし、許可制ではなく認可制でしょう?

下村博文守護霊　いや、ちゃんと管轄(かんかつ)してるんですから。

大川紫央　私立は国立大学のように税金を使っているわけではありません。

下村博文守護霊　今、基本的に、大学は認めてないんだっていうの。

大川紫央　それなら、国民に向けて発表した大臣の意見を撤回して、「今後、大学はつくらない」と言ってください。国民に嘘を言いましたよね？

下村博文守護霊　うーん、だけど、世間が認めてないんですよ。「いい大学だ」っていっても、あんたがたの選挙結果と一緒で、ゼロコンマ何パーセントしか認めてないんだって。

「政治力」と「大学設置」にどのような関係性があるのか

大川紫央　では、大学をつくるところは、大学をつくる前に政党をつくらないといけないのですか。そして、政党で票を取ってからやらないといけないのですか。

下村博文守護霊　むしろ、政党なんかつくらなければよかったんだよ。宗教が政党に手を出したから、憲法のほうに抵触するってことで困ってるわけですから。あまりに政治活動をするのでね。

大川紫央　そういうことであれば、公明党にも言えばいいではないですか。

下村博文守護霊　ええ？　まあ、あっちは押し切っちゃったんだからしかたないじゃないですか。だって、六百万票も八百万票も取ってるんです。これは、一定の意志ですよ。やっぱり、何百万票ってところまで行ったら、これは動かざるをえない〝あれ〟なんですけど、あなたがたの四十五万票ぐらいだったら、まあ、無視しうる……。

大川紫央　無視しうるのに、どうして、あなたがたは、「幸福実現党は政治的な影響力が大きい」と言うのですか。それであれば、幸福の科学大学が建っても影響力はないでしょう？　幸福実現党は票を取っていないのですから、政治的にはまったく影響力がないではないですか。

下村博文守護霊　言論的にはあるんですよ。本を出してるから、言論では影響力があるんです。

大川紫央　では、「影響力がある」ということではないですか。

下村博文守護霊　だから、今のままで十分に役に立ってるっていうの。言いたいことは言えてるんで、ある程度。それを学問として認めるかどうかは別の問題ですから。

大川紫央　そこは別の論点ですよね？　同じ土台に上げるべきではありません。

下村博文守護霊　だから、「言論としては影響力がある。しかし、教団としては小さい」ということですよね。

まあ、市や県に対して、「保育所を設置せよ」とか、「駅前に○○をつくれ」「託児所をつくれ」とか、そんなことをやれるぐらいの力はありますよ。その程度の政治力はあります。

大川紫央　その政治力と、大学設置の何が関係あるんですか。

下村博文守護霊　大学は、もう一段の力が要るということです。

だからねえ、私は悪意だけで言っているわけじゃないんですよ。「せっかく宗教として活躍(かつやく)しているのに、大学の運営のほうに大川隆法さんが吸い込まれていくんだったら、力がかなり削(そ)がれますから、よく考えて、人材を育ててからにしたほうがいいですよ。あるいは、代わりを引き受けてくれる人がいないなら、やらないほうが楽ですよ」と申し上げてるんです。

気にしていることは「財政収入」とそのための「消費増税」？

大川紫央　でも、幸福の科学大学が建っても、マスコミはそれほど騒がないと思います。

下村博文守護霊　いや、騒ぐと思いますよ、私は。ちょうど、秋の政権に向けてぶっ倒(たお)しに来る。タイミング的にピッタリ合ってますので。

大川紫央　ですが、幸福の科学とあなたがたとは、関係がないんでしょう？

下村博文守護霊　関係はありますよ。だって、十月の消費税率の引き上げを通さなきゃいけませんのでね。

大川紫央　結局は、消費税が問題なのでしょう？

下村博文守護霊　金がないから、そう言ってるんだよ。金があれば別に言いませんよ。ないんだからしょうがない。

大川紫央　「お金がない」という論理でしたら、「今後一切、新設大学は建てません」と、国民に発表してください。

下村博文守護霊　だけど、公共の福祉のために、どうしても必要なものだったら建てますよ。「老人介護のために、どうしても人手が足りなくて、つくらなきゃいけない」っていうことが、検討の結果、決まったら通りますけど、上がったやつが全部通るとは限りませんね。

大川紫央　では、「今後、総合大学は一切建てません」と言えばよいではないですか。

下村博文守護霊　総合大学の依頼で来てるのは、これ（幸福の科学大学）一件しかないんですよ。予算削減の段階で総合大学（の申請）を通しちゃったら、「あそこが通るぐらいなら、うちだって通るはずだ」っていうのが、あとからいっぱい出てくる可能性もありますからね。財務省は、それを嫌がってるわけですよ。

大川紫央　ですが、先日、大臣は、「日本の大学進学率は、そうは言っても他国に比べて低いから、この比率を上げたい」とおっしゃっていたではないですか。

下村博文守護霊　うん、だから、消費税増税に賛成してください。財政収入をもうちょっと上げないと無理なんですから。

幸福の科学大学の認可と引き換(か)えに要求してきた「三つの条件」

大川紫央　仮に、こちらが消費税増税に賛成したとしたら、幸福の科学大学の申請を通すのですか。

下村博文守護霊　まあ、ちょっとプラスですねえ。「消費税」に「集団的自衛権」（の賛成）、それから、幸福実現党のほうで議席を取ろうとしないで、自民党の応援(おうえん)に回ってきてください。このくらいまでやってくれたら、私は政治家として動きます。

大川紫央　もう一回言ってください。「集団的自衛権」と「増税」と？

下村博文守護霊　ええ、「増税」と「集団的自衛権」と、それから、「幸福実現党を解体して、自民党の支援団体に変わる」っていうことです。もとに戻るだけのことですから。五年間は成功してないんですから、別に構わないじゃないですか。

大川紫央　え？　幸福実現党の解体は、無理ですね。

下村博文守護霊　五年間も通らないんですから、大学だって同じことが起きますよ、下手したらね。

大川紫央　では、「こちらは増税については何も言わない」というのはどうですか。当会としては、税金に関する論理という論理は、すべて言っていますから。

下村博文守護霊　それを撤回してもらわなきゃいけないです。

大川紫央　いやいや。撤回するのは無理でしょう。もう本になっていますから。

大学を諦めさせ、「財団法人ＨＳ政経塾」を勧める下村氏守護霊

下村博文守護霊　うーん、もう、（消費税増税反対は）共産党と一緒のことを言っているんですから、そんな大学が通るわけないじゃないですか。

大川紫央　国民を苦しめる方向に持っていくような間違った政策を、宗教家は黙って見ていられませんよ。

下村博文守護霊　だったら、あなたは「宗教のほうを取る」ということですから、宗教として頑張ってください。それがいいと思いますよ。

大学のほうは、いかに宗教法人が母体であろうとも宗教ではないので、政党と一緒で、やっぱり、ちゃんとした要件を満たして、世間の信認を得なければいけないんです。

政党も一緒です。宗教がなんぼつくりたいからって、国民のためですからって言ったって、通らないものは通らないんだからしょうがないじゃないですか。議席が取れないんですから、こっちも一緒ですよ。

そちらが幾ら言っても、学識経験者や、他の大学をやっている人たちが、「これじゃ大学の体を成していない」と判断するんだったら通らないんですから、しょうがないじゃないですか。

大川紫央　既存の大学ではない大学を建てようとしているんですから、それは、既存の学長などが、「これは変だ」と言うでしょう。

下村博文守護霊　既存の大学ではない教育を自由にやったらいい。フリースクールだったらいいんですよ。どうぞ、私塾でやってくださいよ。〝松下村塾〟は私塾でやったらいいんですよ。いずれ、それが大学になるから。ＨＳ政経塾を大きくしたらいいんですよ。

大川紫央　実際に、幸福の科学大学に行きたいと思っている子がいて、その子たちは浪人しているんですよ。

下村博文守護霊　じゃあ、ほかの大学を受けてもらってください。

大川紫央　その人たちから裁判を起こされたら、あなたはどうするんですか。

下村博文守護霊　裁判できる権利なんかないですよ、別に。

大川紫央　彼らは、二浪、三浪になっていきますよ。

下村博文守護霊　それは関係ありません。こちらも、それは知ったことじゃないので。だから、ＨＳ政経塾を拡大したらいいんじゃないんですか。財団法人でやったらいいんですよ。五億円あれば……。

大川紫央　そんなことは、文部科学大臣から言われる筋合いのない話ですよ。

下村博文守護霊　文部科学大臣とは関係がなくなりますから。ＨＳ政経塾は。五億円を寄付したら、財団法人ができたんですから、「財団法人ＨＳ政経塾」にして、そのなかを大きくしたらいいんですよ。

最終的に言いたいのは「大学をつくる〝核〟がいない」こと

大川紫央　でも、あなたは、公平に、客観的に言ってはいませんよね？

下村博文守護霊　理系のほうだったら、それは本当に統制できるんですか。ロケット博士だの、いろんなものをいっぱい、ごちゃごちゃ呼んでるけど、これじゃ分からないんですよ、本当に。

大川紫央　いや、いちおう、みなそれぞれ科目担当分野を持ってやっていますので。

下村博文守護霊　まあ、とにかく、認可までは足りないんだということですよ。だから、あとは、拙速を尊ばないで、ちゃんと時間をかけて人を呼ぶことですね。募集をかけるならかけてもいいと思いますよ、ちゃんとね。

大川紫央　もう募集はかけています。

下村博文守護霊　おたく様も、それだけの金銭的余裕がないなら、やめておいたほうがいいっていうことですよ。国と一緒ですから。

大川紫央　いやいや、だから、もう募集をかけて、定員は埋まっているんですよ。

下村博文守護霊　いやあ、大事な人がいないんです。

大川紫央　どういう意味ですか。

下村博文守護霊　だから、「〝上〟がいないんで」って言ってるの。大学をつくる〝核〟がないんだっていうことを言っているんですよ。

大川紫央　最後は、そこで、ずっと抉る気なんでしょう?

下村博文守護霊　給料をもらいに来る人ばっかりですから。

3 「恩を仇で返す」下村氏守護霊

学識経験のない者は「宗教だけでやっていればいい」

大川紫央　安倍さんは、今まで、幾度となく大川総裁に守ってもらってきましたが、そういうのは、もう関係ないのですか？　あなたがたは今の政治力だけを言いますが、大川総裁が、これまで、あなたがたをどれだけ守ってきたと思っているのですか。

下村博文守護霊　だから、それは、おたくの主観ですから。

大川紫央　あ、主観なんですか。では、もう勝手に自民党は自滅していってください、ということになりますけど。

下村博文守護霊　それで、何？　政党のほうで負けてるのに、信者に対しては、「われわれは勝ってるんだ」と、一生懸命に言い訳しているわけですから。われわれの対立候補だって、全部立てるんですから、今の状態では、全員すっとは伸びませんよ。

大川紫央　そうはおっしゃいますが、あなたの発言のなかには、ある意味、当会だけではない新宗教をも敵に回すものがありましたよね？

下村博文守護霊　そんなことはないですよ。別に（この霊言は）公開されてませんので、今のところは。

大川紫央　このまま行くと、きっと公開されますよ。

下村博文守護霊　うーん、する自信ないですよ、たぶん。公開したら、もっと認可が遠のくから。

あのね、木村とか九鬼とかは、もう臆病で逃げ回っておりますから。あの度胸では無理です。できませんよ。

大川紫央　では、度胸があったら通るんですか。

下村博文守護霊　だって、文科省の〝ひよっこ〟が相手でも議論にならないんですから、しょうがないじゃないですか。学識経験がないに決まってるじゃないですか。そういうことですよ。特に勉強してない。教義以外はね。

だから、宗教でやればいいんですよ。それ以外の学識経験がないんですから。

大川紫央　あなたたちだって、文部科学大臣といっても、別に学識はないではないですか。

下村博文守護霊　どうぞ、文部科学大臣になれるもんならなってみなさいよ。

「選挙運動をしたのは自分だ」と幸福の科学の応援(おうえん)を無下(むげ)にした発言

大川紫央　ですが、一九九〇年ごろの時点で、あなたに「文部科学大臣になれますよ」と予言したのは、大川総裁ですよね。

下村博文守護霊　選挙運動をやったのは私なんですから。

大川紫央　あなたは神様を信じているんですか。

下村博文守護霊　選挙運動をしたのは私であって、別に、幸福の科学から票なんか出してもらってませんから。

大川紫央　そんなことを言うのですか。今、恩を仇で返しましたね。

下村博文守護霊　推薦拒否をされたことだってありますよ、ちゃんと。何を言ってるんですか。

大川紫央　推薦拒否をされたのは、そのときのあなたの心が、ギラギラした汚い心だったからでしょう？

下村博文守護霊　いやあ、知りませんけども。とにかく、（幸福の科学は）是々非々で対応する宗教ですので、私にとっては必ずしもウェルカムではないですよ。

大川紫央　それだけ、「人につかず、正しさについている」ということです。

下村博文守護霊　それだったら、もう一本道で行ったらいいんですよ。ちゃんと宗教だけでやったらいいんです。すっきりしますから。

大川紫央　はい。もういいです。幸福の科学大学は審議会を通しますから。

大川隆法　以上です。

第3章

下村博文守護霊の霊言③

二〇一四年五月三十一日　収録

東京都・幸福の科学　教祖殿　大悟館にて

質問者　※質問順

大川紫央（幸福の科学総裁補佐）

転法輪蘭（幸福の科学宗務本部担当副理事長）

［役職は収録時点のもの］

1　罵詈雑言（ばりぞうごん）を吐（は）く下村（しもむら）氏守護霊（しゅごれい）

次々と飛び出すひどい言葉の数々

下村博文守護霊　はあっ……。

転法輪　どうされました？

大川紫央　どうしましたか？

下村博文守護霊　全部やめだ。やめだ、やめだ、やめだ！　もうやめろ。みんなやめろ。やめてしまえ！

転法輪　名前を教えてください。

下村博文守護霊　うーん、「やめてしまえ」っていう名前だ。

大川紫央　何がいちばん気になっていますか？

下村博文守護霊　いやあ、こんな団体は要らないんだよ。この世から消えたほうがいいんだよ。

大川紫央　下村文科大臣ですか？

下村博文守護霊　簡単に名前を出すなよ。なんで、大臣が来なきゃいけないんだよ。おまえら、やめてしまえ。おまえらなんか、幹部の資格なんかないんだから、早く消えてしまえ（注。前章の②と同様、招霊を行っていないが、下村氏の守護霊が幸福の科学教祖殿にやってきた）。

大川紫央　あなたは、下村博文さんですか？

下村博文守護霊　消えろ！

大川紫央　なぜ、そんなに邪魔なんですか？

下村博文守護霊　教団は、もう目茶苦茶になって消えろ！　ほんまに、変な教団だもんな。「消えろ」って言ってるのに、何を言ってんだ、バカヤロウ。

大川紫央　肉体があるから、消えられません。

下村博文守護霊　死んだらええねん。

大川紫央　文科大臣が、人に「死ね」なんて言っていいんですか？

下村博文守護霊　屋上から飛び降りたらいいんだよ。それで終わりだわ。おまえは、とにかく混乱を起こしてるだけなんだから。存在を必要とはしてない。

大川紫央　いや。あなたが混乱を起こしているのです。

次第に「脅し」に変わっていく下村氏守護霊

大川紫央　あなたは、誰からプッシュされているのですか？

下村博文守護霊　ええ？　日本は法治国家なんだから、法に基づいて行われるんだ。

大川紫央　私たちは、法に基づいて申請をしています。

下村博文守護霊　そんなことはない。おまえらは、法になんか基づいてへん。おまえら、主観で生きとるだけなんだ。

大川紫央　違います！　あなたがたが、「前例主義」で言ってきているのでしょう？

下村博文守護霊　だから、法治国家なのよ。法律に基づいてるの。

大川紫央　法律ではなくて、「前例」に基づいているんでしょう？

下村博文守護霊　いや、法律に基づいてる。予算だって法律で決まる。

大川紫央　予算は関係ないでしょう。

下村博文守護霊　大学の設立も法律で決まる。

大川紫央　だから、その規定に基づいて、申請をさせていただいています。

下村博文守護霊　言うこときかんから、できんのだよ。規定から外れるんだ。おまえらが、法治(ほうち)国家の人間でないから。おまえらは、アウトローだから、法治国家の規定のなかに入らない。

大川紫央　しかし、規定には、学部名の変更(へんこう)も、学部の制限も……。

下村博文守護霊　諦(あきら)めろ、諦めろ！　バンディット（無法者(むほうもの)）！

大川紫央　学長に対しても、教授をしたことがある人でないと駄目(だめ)とは、どこにも書いてないですよ。

下村博文守護霊　おまえらはなあ、ただの悪党だわ。海賊(かいぞく)だわ。解散しろ！

大川紫央　解散しろ？

下村博文守護霊　もう、文科大臣から裁判所に請求して、解散を認めてやりたいぐらいだ、ほんまに。

大川紫央　そうすればいかがですか。

下村博文守護霊　おお？　言うたな？　おめえら、どこが監督官庁か知っとるのか？　バカヤロウ！　もう、おまえクビだわ。はよ出ていって、死ね！

大川紫央　そうすると、あなたの奥様が入信している宗教団体も、一緒の枠組みになってしまいますよ。

下村博文守護霊　……関係ない。

大川紫央　関係ありますよ。今、一瞬考えたのではないですか？

下村博文守護霊　幸福の科学っちゅうところはねえ、小生意気なんだよ。クソ生意気なんだよ！

大川紫央　では、創価学会はいかがですか？

下村博文守護霊　あれは暴力団だよ。

大川紫央　真光（宗教団体）については？

下村博文守護霊　真光はなあ、キチガイ団体だよ。

大川紫央　では、あなたは、票のために、たくさんの宗教団体に入っているわけですね。利用しているのですね。

下村博文守護霊　当ったり前じゃん。そんなの政治の常道だよ。

大川紫央　そういう政治家は腐敗していますよね。

下村博文守護霊　なんで腐敗してんのよ。法治国家を、法律に則って運営しているだけじゃないか。

大川紫央　法治国家というよりも、「あなたがたの解釈」と「前例主義」によって、いろいろと言ってきているだけではありませんか？

下村博文守護霊　おまえらが、わがまま言っているだけなんだ。黙って「はい、はい」って聞いてたら、それで終わりじゃないか。

大川紫央　どうしてですか？　税金を納めているのは国民ですよ。そもそも、文科大臣は、みんなに選ばれないとなれませんよね。

下村博文守護霊　誰にも選ばれてへんよ。安倍総理に任命されただけよ。おまえらになんか、何の責任も負ってないよ。票なんて、微々たるものしかないのは分かってるしさ。

大川紫央　では、それを国民に言ったらどうですか。「一票の価値なんて、微々たるものです」と。

下村博文守護霊　おまえらは、文科省が所管だってことを忘れてる。おまえらのほうが、アウトローなんだ。海賊なんだよ。

大川紫央　文科省が所管だとは知っていますけど、だからといって、文科省の意向に沿わないと「消される」というのはおかしいですよね。

下村博文守護霊　言いたい放題言うとるのは、おまえらのほうなんだ。審議会が答申しなかったら、わしの認可は絶対下りんのやからな。

大川紫央　では、言いたいことを言ってください。

下村博文守護霊　だって、教えとるのに、なんで言うことときかんのよ。

大川紫央　では、変えたいところを言ってください。

下村博文守護霊　グチャグチャ交渉するんでないわ、ほんと小賢しい。大臣っちゅうのは偉いんだからさ。おまえらが束になったって、なれやせんのやからさ。千票ずつ集めたって、なれやせんのや。もうちょっと、自分らの力がないことを正直に認めて、謙虚になりなさい。交渉できる相手と思うとるのか？　バカが！

大川紫央　しかし、「仏法は国法の上に立つ」のですよ。

下村博文守護霊　そんなねえ、昔話をするのはやめてください。今は近代的な法治国家なんですから。お釈迦さんなんて、昔、死んだ人なんです。

大川紫央　今、仏陀がここに再誕しているのですよ。

下村博文守護霊　（仏陀は）縄文時代に死んだの！

2 「この国は公務員が動かしている」

差別発言を繰り返す下村氏守護霊

大川紫央　ちなみに、天上界の日蓮聖人から、集団的自衛権の後押しの意見が出されましたよ（『日蓮聖人「戦争と平和」を語る』〔幸福の科学出版刊〕参照）。

下村博文守護霊　えー？　そんなの知らんね。

大川紫央　知らなくても、今日、届けられると思います。

下村博文守護霊　来たところで何の関係もない。

転法輪　安倍首相は、何とおっしゃっているんですか。

下村博文守護霊　大学の設置に何の関係もない。

大川紫央　安倍首相は、何とおっしゃっているのですか。

下村博文守護霊　今、安倍さんは、シンガポールへ行って会議をしていて忙しいの。今、私が主管してるんです。関係ありません。

大川紫央　あなたは、「票になるか、ならないか」が、すべての基準で物事を判断するのですか？

下村博文守護霊　当たり前だよ。

大川紫央　それは、文部科学省に携わって、子供たちの教育をしていく大臣として、どうなんですか？

下村博文守護霊　子供たちには、民主主義教育をちゃんと教えることが大事だよ。

大川紫央　ほかに、おっしゃりたいことは。

下村博文守護霊　とにかく、文科省の言うことをきかないんだったら、何も認めんっていうことよ。

大川紫央　では、否決するのですか？

下村博文守護霊　そうなるでしょうね。私の判断を待つ前に終わりになりましょうね。しょうがないでしょ？　私は法律に則ってやるんですから。

大川紫央　法律ではなく、あなたがたの前例主義に則っているだけでしょう？

下村博文守護霊　大学設置基準がありますからね。

大川紫央　私たちは、大学設置基準に則って申請しているのに、あなたがたは、規定の言外に対して、前例主義を引いて文句をつけてきているではないですか。

下村博文守護霊　何を言ってるんだ。こちらの指導に従えば通るのに、教祖が権限を乱用して〝オカルト発言〟をいっぱいするから、大混乱になっちゃってるんじゃないか。忙しいのに混乱起こすなよ、ほんとに！

大川紫央　日本は慣習法でしたか？

下村博文守護霊　まあ、両方だわ。おまえらみたいなポンコツの頭で言うなよ。

大川紫央　あなたが言っていることは慣習法でしょう？（『究極の国家成長戦略としての「幸福の科学大学の挑戦」』〔幸福の科学出版刊〕を掲げながら）この本を読みましたか？

下村博文守護霊　出すなよ、そんなの。早う、廃棄処分しろ。

大川紫央　「憲法をもう一度勉強していただきたい」と書かれています。

下村博文守護霊　それは、おまえらのほうだよ。バカヤロー。

大川紫央　役人たちも立憲主義と言っていますが、立憲主義は公務員を縛るものですよね？

下村博文守護霊　いや、この国は、公務員が動かしてるの。

大川紫央　あなたは、どんな立場になるのですか？

下村博文守護霊　公務員の長ですよ。

大川紫央　公務員は憲法に縛られるから、国民の「信教の自由」と「学問の自由」を守らないといけません。

下村博文守護霊　安倍内閣は、憲法改正を目指してるんだ。それに憲法は、私学の助成も禁止してるからね。

大川紫央　私たちは「助成をしてほしい」と頼みにいっているわけではないのです。

下村博文守護霊　要らないの？　欲しいでしょ？

大川紫央　要りません。卒業資格を与えてくださるなら、いいですよ。

なぜここまで幸福の科学の邪魔をするのか

下村博文守護霊　私塾をやったらいいじゃないですか。私塾で卒業証書を出したらいいじゃない。勝手に教育して、勝手に卒業証書出したらいい。

大川紫央　それは、新興宗教に対する差別だと思います。

下村博文守護霊　あんなもん、大学とは言えんからね。

大川紫央　あなたが言ってきているような細かいことは、法律には明確に書いてありませんよ。

下村博文守護霊　今までやってきた仕事が、法律に代替するもんなの。

大川紫央　だから、それは慣習法になりますよ。

下村博文守護霊　おまえら、オカルトなんだ。オカルトは黙ってろよ。

大川紫央　それは、差別です。迫害です。それは、文部科学大臣による差別です。

下村博文守護霊　オカルトは教育と違うの。

大川紫央　では、「幸福の科学大学に行きたい」と言っている生徒と保護者を目の前にして、そういう演説をしてください。

下村博文守護霊　卒業資格を与える必要はないって言ってるわけよ。

大川紫央　幸福の科学学園からは、たくさんの人が名だたる大学に進学していますが、その人たちは、その大学で卒業資格を得ますよね。東京大学、大阪（おおさか）大学、早稲田（わせだ）、慶応（けいおう）等で。

下村博文守護霊　結構ですよ。中高で洗脳されたやつが、文科省が認可した大学で正しい教育を受けて、まともになって卒業して、社会人になる。それでいいじゃないですか。

大川紫央　そのように、信者の前、国民の前で発言してください。あなたは選挙に選ばれた人なんだから、自分の見解を公（おおやけ）に対して明らかにする義務があるでしょう？　公人（こうじん）なんですから。

下村博文守護霊　おまえらは、早う自殺せえって言うとるのに、何をギャーギャー言ってるんだよ。うるせえなあ。

転法輪　なぜ、そんなに幸福の科学のことをいじめるのですか?

下村博文守護霊　生意気だからよ。

3 「新興宗教の信者には国民の権利がない」

下村氏守護霊のなかに残る「差別制度」の考え方

大川紫央　今、自民党が他党から、〝あら探し〟をされていて、その一つになるのではないかと、恐れているらしいですね。前例にないことを認めて、幸福の科学大学の学長のところを通したら、そこを攻め込まれるのではないか、と。

下村博文守護霊　こんなパーを幹部にするなよ（舌打ち）。相手にできんわ。カルトはカルトをやっとけよ。

大川紫央　では、なぜ、今日、来たのですか？

下村博文守護霊　うっとうしいから怒ってるんだよ。仕事の邪魔すっからさあ。おまえらみたいに、うるせえのはいないよ。狂うてるんと違うか。

大川紫央　いや、逆に文科省が、ここまでうるさく言ってくる権限はあるのですか？

下村博文守護霊　監督官庁だから、あるに決まってるじゃないの。

大川紫央　許可制ではなく、認可制ですよね？

下村博文守護霊　建前とは違うのよ。

大川紫央　では、認可ではなく、許可制に変えたらいかがですか。

下村博文守護霊　……許可制になったら、もっと厳しくなるんですけど。あんた、言ってること分かってるの？

大川紫央　まず、許可制にするための法律を通してください。

下村博文守護霊　もっと難しくしてほしいわけ？　へえー。

大川紫央　今の自民党に、その法律を制定するほどの体力は残っていません。

下村博文守護霊　幼稚園だって、保育園だって、そんな簡単にできずに困っているこの国で、そんな自由が通ると思ってるわけ？

大川紫央　それは、公務員がいろいろ規制を敷いて、ややこしくしているだけでしょう？

下村博文守護霊　自由なんてないの。「自由の革命」なんてインチキだよ。役人が牛耳ってる、「不自由の革命」の国なんだから。冗談じゃないよ、バカバカしい。

大川紫央　『自由の革命』（幸福の科学出版刊）とこの本（前掲『究極の国家成長戦略としての「幸福の科学大学の挑戦」』）を読んで行き詰まったのですね。

下村博文守護霊　そんなものを読んで、腹が立たん人はいないでしょう。盾突いてくるっちゅうのはね、江戸時代だったら無礼打ちよ。

大川紫央　そもそも、明治維新が起こったのも、身分制で下級の人たちが虐げられてきていたこともあって、革命が起こったわけでしょう？　それで、今、民主主義社会の近代国家になっているのに、あなたの頭のなかには、まだ、そういう差別制度が残っているのですね？

下村博文守護霊　新興宗教の信者っていうのはね、国民の権利がないの。

大川紫央　まず、あなたの頭のなかを、「近代国家の考え方」に直してください。

下村博文守護霊　日本にはね、日本国民と、日本国民の外側の人がいて、日本国民の外側にいる人は新興宗教の信者です、はい。

大川紫央　新興宗教の信者を、みんな敵に回しますよ。

下村博文守護霊　「新興宗教」ってのは、〝精神病院の役割〟を果たしてるわけで、まとめて登録させて、そこに囲ってんのよ。

「政府転覆罪で死刑」と脅す下村氏守護霊

大川紫央　では、あなたの奥様はどうですか？　霊が視えたりするのでしょう？

下村博文守護霊　怒りまくってるよ。幸福の科学なんて邪教だと思ってる。

大川紫央　今、あなたは、奥様のことも、「国民の外にいる人」と言いましたよ。

下村博文守護霊　ええ？　奥さんは神様だろ。

大川紫央　あなたは〝奥様教〟なんですね。恐妻家？

下村博文守護霊　そうなの。奥さんも、幸福の科学は邪教だと言うてるから、なかなか難航してんの。

大川紫央　奥様は大臣でも公務員でもないですよね？　そんな奥様のような私人に、あなたは支配され、洗脳されて、文部科学大臣として判断していいのですか。

下村博文守護霊　しかたないじゃん。それが良識なんだから、私には。

大川紫央　それは、あなたが発表していることと違うではないですか。

下村博文守護霊　公式に言うこととそれは違います。とにかくおまえら生意気なんだよ。インチキ宗教よ。

大川紫央　幸福の科学大学の申請を拒否しても、それが問題になりますよ。

下村博文守護霊　そうは言ったって、奥さんを通らないかぎり無理なんだから。おまえら、教団崩壊が近づいてんだよ。

大川紫央　いいえ、教団崩壊はしないから大丈夫です。

下村博文守護霊　わしが、〝はんこ〟つかなきゃ教団崩壊するよ。やろうやろうとしてることが、たいていできないんですから。ハッハッハ。オウムの次に、おまえら全部刑務所に入れたるよ。

大川紫央　なぜですか。罪名を言ってください。

下村博文守護霊　革命分子だろ？　革命を目指してるんだろ？

大川紫央　近代国家は、そんなことでは罪にはなりません。

下村博文守護霊　法治国家のなかで革命を目指してんだから、テロリストにつながるか分かんねえな。監督しなきゃいけないな。

大川紫央　私たちは、「思想・信条の自由」で守られています。

下村博文守護霊　立場が、オウムと一緒なんだから。

大川紫央　オウムは、実際に犯罪を犯して、人を殺しましたよね？　私たちは、そんな社会的事件を起こしていません。

下村博文守護霊　今、起こそうとしてんだよ。文科省に対する反乱を起こそうとしてる。

大川紫央　そんなことが罪になるわけありません。罪名を言ってください。

下村博文守護霊　それは〝政府転覆罪〟です。

大川紫央　近代国家の法律に、そんなものはありません。

下村博文守護霊　死刑、もしくは無期懲役です。文科大臣より偉い人は、総理大臣しかいないの。

大川紫央　天皇はどうですか?

下村博文守護霊　天皇は、〝雲の上の人〟で関係ないの。

大川紫央　それは立憲主義に反しますよ。

下村博文守護霊　何の判断もされないの。ああいうふうになりなさい。何も判断しないで、ぼーっとしてなさい、宗教らしくなるから。宗教にしたら小賢しいんだよ。理屈を振りかざして、ギャアギャア交渉してくるから。

大川紫央　言いたいことは、それだけですか。

下村博文守護霊　生意気なことをやればやるほど、君らの夢は遠ざかっていくだけだから。

大川紫央　生霊になって来るということは、かなり切羽詰まっているわけでしょう?

下村博文守護霊　何言ってんの？　一生懸命ひれ伏しなさいよ。

大川紫央　ひれ伏しませんよ。

「握りつぶすところが権力」だと豪語

大川紫央　そもそも、あなたがたは、法治国家の法律に基づいてではなく、「前例主義」に基づく勝手な解釈でいろいろ言ってきているわけです。

下村博文守護霊　いえいえ、ほかの大学に当てはめたのとまったく同じ基準に当てはめてるだけですから。

大川紫央　それは、役人が勝手につくったもので、明文化されていませんよね？

下村博文守護霊　わしらが要求するような人材を出せないんだったら、それで終わりだよ。それでいいじゃん。

大川紫央　日本の法律は、事後法が禁止されているものなのですよ。日本の法律では、そのときに規定がなかったら、罰せられないことになっているんですよ。

下村博文守護霊　あなたがたは自我の塊なわけ。自分のやりたいように全部する。それが新興宗教の信者たちなわけ。だから、そんな大学は要らないの。国家資格は与えられないの。

大川紫央　根拠を言ってください。

下村博文守護霊　設置基準を満たしてないからです。

大川紫央　設置基準は満たしていますよ。

下村博文守護霊　満たしてないんです。私たちは駄目だと言ってるんだよ。

大川紫央　その設置基準は、あなたがたの解釈でしょう？

下村博文守護霊　設置基準を判断する際、裁判官に当たるのは文部科学省の役人なんだ。

大川紫央　法律の解釈なんて、何通りもあるじゃないですか。

下村博文守護霊　専門家であるから、解釈権があるんです。

大川紫央　あなたは専門家でもなんでもありません。

下村博文守護霊　いや、塾（じゅく）をつくるのは自由ですよ。塾は経産省の管轄（かんかつ）だからね。塾をおつくりください。あんたがたとの、こんなことで、〝火の粉（こ）〟をかぶりたくはないのよ。

大川紫央　いいではないですか。いずれにしても、文科省の大臣なんて、これから一生できるわけではないのですから。

下村博文守護霊　何言ってんの。ああやって握（にぎ）りつぶすとこに権力が発生するんだ。

大川紫央　安倍（あべ）内閣は何年もつか分かりません。この十月にもう一回増税したら潰（つぶ）れるかもしれませんよ。そうしたら、あなたはクビです。

下村博文守護霊　そうしたら、あんたらの大学も永遠にできない。

大川紫央　そんなことは分かりませんよ。

下村博文守護霊　いや、弟子がつくれるものは何もないんでしょ？　だから、総裁が教祖として、いろいろな教えを説くことについては、何も制約はないじゃないの。毎日、説法したって、毎日、本を出したって構わないんだからさあ。弟子がなんにも能力がないから、大学ができないんだよ。政治家や文科省を攻撃させようとしている〝悪いテロリストたち〟を養ってるんだからさ。

大川紫央　ただし、既存の大学の教授も、教授になる時点から著書が数冊あるというわけではないですよね。

下村博文守護霊　大学で教育や研究をしてきたという実績があるんだよ。やっぱり、大学に残るまでの勉強をしてないと資格がないじゃない。あんたがたに認めるったって、周りの人が認めないんだから、しょうがないでしょ。

大川紫央　それは、九鬼さん以外が学長だったらいいと言いたいわけですか？　その理屈で言えば、教授歴が十年以上あればいいわけですか。

下村博文守護霊　だからね、形だけ揃えてくれればいいって言ってるわけ。誰が見たって、そういう立場に立っておかしくない人であれば、それで問題ないって言ってるだけなんだ。おまえのほうが、法治主義を全然理解しとらんだけや。内容について審査してるわけじゃないんだからさ。新興宗教だってことで、いっぱい悪口を言われることも分かってるから、形式上突っ込まれないように、「要件を揃えなさい」って言ってるのよ。

大川紫央　いや、初めは内容の審査までしてきましたよね。「専門課程に教義を入れない」とか。

下村博文守護霊　行政指導っていうのは法律に代わるもんなんですから。役所の通達っていうのは、法律に代わるものなんですからね。

大川紫央　では、学長のところだけ替えればいいんですか?

下村博文守護霊　まあ、分かりませんけどね。審議会が認めるかどうか分からない。

大川紫央　それでは、いじめです。

転法輪　審議会が認めても、あなたが認めないのではないですか？

下村博文守護霊　その次の段階で、上がってきたときに判断しますから。

はっきりと私情を交えてくる下村氏守護霊

大川紫央　下村大臣は、この本（前掲『究極の国家成長戦略としての「幸福の科学大学の挑戦」』）に書かれた内容をしっかり読んだほうがいいですよ。

下村博文守護霊　そういう言い方が気に食わないんですよ。ほんと人に対して、上から目線で裁く傾向がありますから。塾で十分なんだよ、そんな。

大川紫央　あなたのレベルで考えないでください。

下村博文守護霊　中高の認可が下りただけでもありがたいと思えよ。

大川紫央　中高が実績を出していますよね。何か社会的事件を起こしましたか？

下村博文守護霊　あれは、県レベルだからできたんで、今は国レベルだから、そう簡単に下りないの。この財政赤字のなかで、そんなもん認めたら、国会で吊(つる)し上げられることは決まってるんですから。私は嫌(いや)ですよ、そんなの。おまえら、少数派なんやから、もうちょっとしっかり自分たちの立場を理解せえよ。

大川紫央　少数派の意見を聴(き)くのも政治家の仕事でしょう？　少数派の意見を聴かなかった結果、民主党に負けたんじゃないんですか。

下村博文守護霊　おまえは狂っとるからもう消えろ、この世から。おまえがいるから大学が建たないんだよ。選挙民の投票だけが正しいんだ。

大川紫央　では、ヒトラーはどうなるんですか。選挙民が選んで、あんな暴君を育てあげましたけれど、あれも正しかったということですか。守護霊の意見として、「下村文科大臣の見解　ヒトラーは正しかった」ということですね。

下村博文守護霊　ああ、ドイツではね。ほかの国には、もっと強い人がいたわけで。

大川紫央　では、東條英機のような、A級戦犯とされている政治家はどうですか。

下村博文守護霊　まあ、安倍さんと一緒のもんだろうよ。とにかく、わしは、「国会で喚問を受けるようなことは、さらしたくない」って言ってるだけだから。そうならないように、「おまえらの条件を整えろ」と言ってるだけじゃないですか。

大川紫央　では、学長のところだけ替えればいいんですか?

下村博文守護霊　分からない。ほかのも文句いっぱいついてるから。まあ、役所を批判してるんだから、そんなら役所は、サボるということで対応する。

大川紫央　しかし、経済産業省など、いろいろなところに関し、大川総裁は、政府に対して推進することを常に発言してきましたよね。それについては、どうなんですか。

下村博文守護霊　今まで、政治家としてのわしには、おまえらの応援が全然足りとらんからな。ずっと非協力的だったからね。

大川紫央　それは、あなたの心が悪かったからじゃないですか。

下村博文守護霊　とにかく、おまえの言葉を聞くたびに腹が立ってくるなあ。早稲田も取り消したろかいな。小保方から、おまえまで問題ばかり起こすから。早稲田も取り消して、専門学校に戻すぞ。各種学校でもいいんだよ。

大川紫央　そういう発言をテレビの記者会見でしてみてくださいよ。

下村博文守護霊　とにかく生意気だっちゅうことで通らないのよ。「末は博士か大臣か」っていって、昔から偉い人は決まってんの。あなたがたは、博士のところを、フリーパスで通ろうとしてるから、それはいかんと言ってんのよ。

4 「真光(まひかり)」の恨(うら)みを語る下村氏守護霊

相変わらず妻の霊能力(れいのうりょく)を引き合いに出しての批判

大川紫央　では、〝教祖(きょうそ)〟である、あなたの奥様(おくさま)には、天照(あまてらす)様やイエス様、天御中主(あめのみなかぬしの)神(かみ)様、卑弥呼(ひみこ)様たちが降りてくるのですか。

下村博文守護霊　うちのには何でも視(み)えるからさあ。「大川隆法には悪魔(あくま)がいっぱい取り憑(つ)いてる」って言ってんだ。

大川紫央　それは、あなたの奥様のほうに悪魔が憑いているということなのではないでしょうか。

下村博文守護霊　知らないよ。彼女には、よく視えるっちゅうんだからさ。だけどまあ、縁(えん)あって夫婦(ふうふ)になっとんだから、意見を同一にしなかったら離婚(りこん)になるでしょ。

大川紫央　あなたが恐れてるのは、自分が離婚になったり、週刊誌とかで叩かれて、スキャンダルとして葬り去られることでしょう。

下村博文守護霊　私が、幸福の科学大学を認可して、何か事件でも起こされたら大きなバッテンがつくから。

大川紫央　起きませんよ。文科省の人たちが教えてくれる道徳以上の精神を教えてくれるから大丈夫です。

下村博文守護霊　それは、おまえらの主観だって言ってるでしょ。オウムを宗教法人に認可したために、あとでどれだけ政府が迷惑を受けたか分かる?

転法輪　オウムと一緒じゃないですよ。

下村博文守護霊　一緒だよ、ほとんど。同じ土俵で戦ったんだから。

大川紫央　それは、新興宗教に対する偏見ですよ。ほかの宗教にも、そうやって同じことを言うんですか。

下村博文守護霊　だいたいは認めてませんよ。

大川紫央　だったら、文科大臣として、そうやって公言すればいいじゃないですか。

下村博文守護霊　民主主義の論理に則ってやってるだけですから、自分らが正しいと思ったら、多数の支持を取ってください。

大川紫央　では、「大学を設置する団体では、設置前に政党を設立し、その政党が支持を得ていないと、大学の設置ができません」という規定にし直さなくてはいけないではないですか。

下村博文守護霊　国会議員五十人以上集めてください。そうしたら、法案を出して、いろいろと圧力をかけれますから。役所にもね。選挙に全敗しておりながら、よう言うよ、偉そうに。

大川紫央　そんな規定は、当会の大学以外にしていませんよね。

下村博文守護霊　教祖が本を出している以外、何もしてない団体でしょ。

大川紫央　創価学会などのほかの宗教の多くは、教祖が本すら出していませんよ。

下村博文守護霊　何言ってんの。弟子が優秀なんじゃない。

大川紫央　あれは宗教ではなくて、単に〝会社的な行動〟をしているだけではないですか。

下村博文守護霊　授業ができるんですから、大したもんです。ちゃんと大学の運営ができるんですからね。

大川紫央　創価大学が、中国のスパイ養成所になっていたら、どうしますか？　もし中国が攻めて来たら、あなたがたの罪は大きいですよ。

下村博文守護霊　証拠が何もないんですから、そんな言いがかりをつけんでください。向こうから怒られるんだから。

幸福の科学の総裁補佐（そうさいほさ）への敵意をむき出しにする下村氏守護霊

下村博文守護霊　消えろよ。幸福の科学は消えたらいいんだよ。全部消えてくれたら、それでいい。消えろ！　おまえたちがすべきことは、社会的事件起こさないこと。ただ、この一つだ。

大川紫央　いや、当会は、社会的事件を起こさないどころか、社会をよりよく導こうとしています。

下村博文守護霊　それは、おまえらの主観だって言ってるの。そらあ、アルカイダもそう言ってんの。一緒なの。

大川紫央　そういう、あなたがたの考え方も、主観ですよ。

下村博文守護霊　日本の〝アルカイダ〟なの、君たちは。

大川紫央　いや、そんなテロを起こした記憶（きおく）はありません。人を殺した記憶もないです。

下村博文守護霊　これから起こすの。

大川紫央　飛行機で、ビルに突っ込んでいく、記憶もないです。

下村博文守護霊　自民党をぶっ壊した記憶はあるよね。

大川紫央　いいえ、自民党を支えて、安倍政権を成立させた記憶はあります。

下村博文守護霊　おまえ、殺したいわ、ほんまに。

大川紫央　原発推進に賛成して、原発が稼働した記憶があります。

下村博文守護霊　死ね。死ね。死ね。死ね。

大川紫央　死にません。

下村博文守護霊　おまえみたいのが総裁補佐にいるかぎり、絶対に大学なんて通さんからね。

大川紫央　意味が分かりません。

下村博文守護霊　「下村さんを総理大臣に」っていう運動をやらんで、どうすんだ。

大川紫央　いや、あなたのような思想の人を総理大臣にしたら、大変です。

下村博文守護霊　おまえらの弟子なんか、全部ぶった斬ったるから。あんなのに大学経営者の資格なんか認めやしねえから。

大川紫央　でも、あなたは、九鬼さんのようには出版社長ができないかもしれませんよ。

下村博文守護霊　チェッ！　くっだらねえ。出版の社長に文科大臣が務まるって思ってるのか。おまえとじゃ、腹立つんだよ。切腹しろよ、早く。

大川紫央　じゃあ、なぜ来るのですか！

下村博文守護霊　根元を断たないといかん。教祖が反省して、頭を丸めて、文科省に向かって、（イスラム教の）カーバ神殿に向かって謝るように、ひれ伏したらええのよ。

大川紫央　いや、幸福の科学の教祖は、神のなかの神ですから。

下村博文守護霊　そんなの認めませんねえ。おまえらは、十八万ある宗教のなかの一つなの。

大川紫央　いや、あなただって、その神様につくられた魂（たましい）なんですよ。

下村博文守護霊　その神様も、文科省が認可しないかぎり、何もできないの！　どっちが偉いか分かるでしょ？

大川紫央　幸福の科学大学を認可しなかった責任は、後世（こうせい）までずっと続きますよ。

下村博文守護霊　とにかく、おまえらの弟子が悪いんだよ。あんなやつら、早く間引（まび）いてもらえ。アホだからね。

大川紫央　そうやって、人を「アホ」とか言うのはよくないと思いますよ。

下村博文守護霊　早稲田（わせだ）の出来損（できそこ）ないみたいのを出してくんなよ！

大川紫央　あなたも早稲田ですよね。仲間じゃないですか。

下村博文守護霊　わしは、選挙民に選ばれてるからいいんだ。〝特別な早稲田〟なのよ。

ついには、神を名乗り始めた下村氏守護霊

大川紫央　では、大隈重信（おおくましげのぶ）のことは尊敬していますか？

下村博文守護霊　あんな昔の人なんか、どうでもいい。

大川紫央　昔の人はどうでもいいのに、どうして道徳の教科書などに、昔の偉人（いじん）を載（の）せようとするんですか？

下村博文守護霊　安倍さんの意向です。

大川紫央　あなたは文部科学大臣ですが、安倍さんと財務省と麻生（あそう）さんの意向に従ってしか仕事ができないんですね。

下村博文守護霊　それは、ほかの役所だって一緒ですよ。教育改革は、文科省がする

んであって、あんたがたがするんじゃないの。

大川紫央　安倍首相は、幸福の科学について、何と言っているんですか？

下村博文守護霊　知りません。私が主管大臣ですから、私の判断が済んでから、相談です。審議会に総理が口を出したとなったら、それは越権で怒られましょうなあ、マスコミから。

大川紫央　越権って、あなたは裏でいろいろなことをやっているのではないですか？

下村博文守護霊　裏も表もない。私がやることは全部「表」ですよ。

転法輪　越権ではないですか？　幸福の科学大学は、国の成長のために大事な大学なんですよ。

下村博文守護霊　とにかく、うちのかみさんによれば、「おまえたちの教祖は発狂しとる」ということになっとるんだから。

大川紫央　それは、奥様のほうではないですか。

下村博文守護霊　かみさんが正しいから、わしが文科大臣になれとるんじゃないか。何言ってんだよ。

大川紫央　奥様も、大川総裁と同じく、「自分は霊が視えている」と公式に発表すればいいではないですか。

下村博文守護霊　選挙に不利になるから、公式には、そういうことは言えないでしょ。

大川紫央　ところで、あなたの奥様は「霊が視える」など、霊能力があるわけですが、大川総裁のように教団をつくって、これほど大きくはできません。その違いは、どこにあると思いますか。

下村博文守護霊　それは、騙すことをしないからでしょう。

大川紫央　私たちは、騙してなどいません。幸福の科学には、極めて論理的かつ合理的な教えがあります。

下村博文守護霊　新興宗教として、ある程度まで広がった。しかし、民意をつくるとこまでは行っていない。あんたみたいな狂ったのと結婚した段階で、没落が始まったよな。あんたは「さげまん」だろうから。

大川紫央　「狂った」などと、会ったこともないあなたに、なぜ人格否定をされないといけないんですか？

下村博文守護霊　早稲田なんか出るような女に、ろくなのはいねえよ。

大川紫央　早稲田の女子全員に、そう言えばいいじゃないですか。どうして、そんなにイライラするのですか？

下村博文守護霊　それは、おまえらが悪魔の勢力の一端を担ってるからだろうな。

大川紫央　自分が言った言葉の数々を振り返って、どちらが悪魔か考えてください。

下村博文守護霊　大臣ていうのはね、この世における〝神〟なんだよ。あんたがたはね、信仰が足りないの。神に対する信仰が。

大川紫央　日本国民は誰も大臣のことを「神」だとは思っていません。

下村博文守護霊　「神」もしくは「神の代理人」が大臣なの。文科大臣っていうのは「神の代理人」なの。だって宗教を束ねてるんですから、宗教の神々の上にいるに決まってるじゃないですか。

大川紫央　そういう文科省みたいな、国の一機関が、神様たちを監視する姿勢自体、宗教や神様をバカにしているのではないですか。

「信教の自由」の侵害ではないのか

下村博文守護霊　だいたい、おまえらの政党自体が革命を起こして、皇室を廃止して乗っ取って、自分らが皇室になろうとしてることぐらい分かっておるんだから。これを文科省が抑止しないでどうすんねん。

大川紫央　天照大神や天御中主神、国之常立神などが、みな生まれてきているのですが、それをどう説明するのですか？

下村博文守護霊　誰も認めていません。それがカルトなんだ。皇室乗っ取り計画で、クーデターを起こそうとしてるわけだよ。まさしく〝テロリスト集団〟だ。

転法輪　乗っ取ろうなど、していません。

下村博文守護霊　いやあ、明らかにしてる。このテロを、マスコミと協力して必死で食い止めたんだから。

大川紫央　マスコミも徐々(じょじょ)に考え方が変わっていきますよ。例えば、中国の習近平(しゅうきんぺい)が、ああいう人だということは、国家主席に就任する前から、大川総裁が指摘(してき)していましたよね。それは、幸福実現党の立党当初からです。結果は、そのとおりになっているのではないですか。

「公僕(こうぼく)」に対する驚(おどろ)くべき見解

下村博文守護霊　せめて、理性が残ってる大学関係者を据(す)えろと言ってるわけよ。さすがに、どっかで、おかしいと思うことは思うだろうからさ。見張りを、お目付け用に置けと言ってるわけよ。彼らは、「信者の職員ばっかりでやってたら、公的なものとして認められん」と言ってる。「お目付け役を置け」と言ってるのよ。だんだん、悪質な教団だと分かってきたからね。

大川紫央　どこが悪質なんですか？

下村博文守護霊　おまえが悪質だわ。ただの早稲田の〝ボケジョ〟だから。ほんとに、しょうもない！

大川紫央　あなたはどうなんですか。

下村博文守護霊　ああ？　こっちには実績があるんだよ。選挙を苦労して戦い抜いて勝ったんだ。

大川紫央　その選挙も、いろんな利権をつくったり、いろいろな宗教団体に、いい顔して宗教票をもらったりしたんでしょう？

下村博文守護霊　おまえらの票なんか、どれだけだっていうのよ。ほとんど協力しなかったくせに。

大川紫央　そういうことを言うのですか。政治家はそういう人では駄目(だめ)だと思います。徳ある政治家はいないんでしょうか？　文科省の政治家が、いちばん、そうあるべきではないでしょうか。

下村博文守護霊　まあ、ともかく、おまえらは、わしらを無駄に困らせて、わしらの給料のもとになる税金を無駄に使わせた罪により、牢屋(ろうや)に入れたいぐらいだよ。

大川紫央　公務員は、そんなに偉いんですか？　なぜ、私たちが、あなたがたに縛(しば)られないといけないんですか？　公務員とは、公僕(こうぼく)ではないのですか？

下村博文守護霊　そんなことは、憲法に書いてあるだけで、みんな知らないからいいんだよ。

大川紫央　憲法は、公務員を縛るものでしょう？

下村博文守護霊　公僕っていうのは、「民(たみ)を僕(しもべ)にする人間」という意味なんだよ。一(いっ)

般奴隷を束ねる立場にあるんだよ。ムチ打っても構わないの。

大川紫央　公僕とは、国民の僕であるがごとく、国民に仕える人でしょう？　国民のために資する人が、公務員でしょう？

「わしにお賽銭を払え」と叫ぶ下村氏守護霊

下村博文守護霊　おまえみたいなやつが、大臣に盾突くっていうこと自体が、不敬罪なんだからさあ。もう解散宣言しなさい。

大川紫央　解散しません！

下村博文守護霊　「もう大学は、できない」ということで、会員に対して懺悔して、解散しなさい。

大川紫央　では、文部科学省の大臣が、信者に対して理由を説明してください。「なぜ認可しなかったのか」という理由です。

下村博文守護霊　おまえらは、威張ってるし、上から目線だから嫌いだって言ってるでしょう?

大川紫央　あなたも上から目線だから、人のことを言えないですよね?

下村博文守護霊　わしは大臣だから、上から目線は当たり前なんだよ。

大川紫央　大臣も公僕でしょう?　選挙前は、みんなにペコペコしているではありませんか。

下村博文守護霊　選挙期間だけ、ペコペコするの。当選して地位に就いたら威張るの。これが政治家の当たり前の姿なの。おまえなんか、わしと口を利けるような立場にないんだということを知れ！　わしに、お賽銭を払えよ！　おまえは、わしに政治献金をしたことがあるか?

大川紫央　なぜ、しなければいけないのですか。

下村博文守護霊　そら、お賽銭を払っとらんのじゃないの。わしは神様なんだ。おまえのところには、なんで神様がゴロゴロいっぱい出なきゃいけないんだ？　「神様がいっぱいいるところは、仕事ができん」というところを証明して見せてるんだ。

大川紫央　あなたがたが難癖（なんくせ）をつけてきているんでしょう。

下村博文守護霊　私は、自分の管轄（かんかつ）のあれだからね。文科省以外のところで認可してもらったらいいでしょ？　どうぞ。「株式会社」だったら行けるんじゃないの？　〝株式会社・幸福の科学大学〟にしたらいいよ。そうしたら設立は自由だよ。県レベルの審査よりも、国レベルの審査は、はるかに難しいんだっちゅうことを知りなさいよ。

大川紫央　それでは、宣言してください。この間の、「大学を増設して、日本国民が、もう少し大学への進学率を高めるために資する」と発表したのを……。

下村博文守護霊　それは、あなたがた以外の人たちに対して、一般国民に対して言ったんです。あなたがたは、一般国民じゃないの。あなたがたは、賤民（せんみん）なんです。

つまりは「真光」の味方なのか

大川紫央　ここに資料がありますが、「『手かざし』で知られる崇教真光において講演活動の他、同宗教団体の五十二周年秋季大祭において来賓挨拶」。ほかにもいろいろ参加しているようですね。

ジュセリーノとかいう自称予言者の予言についても、「『ほとんど九十パーセント当たっている』と述べている」。

下村博文守護霊　南米じゃ有名だからね。

大川紫央　特定の宗教に入っているから、ほかの宗教を迫害しているのではないですか。

下村博文守護霊　真光とおまえらは、仲が悪いからさあ。こういうことをしなければ分からないんだ。おまえらの票だけもらうことだってできるんだけど、大学を認可したりしたら、ばれるじゃんか。真光だって、大学ぐらい、つくりたいんだからさあ。

大川紫央　では、大学がつくれるだけの教団にすればいいではないですか。

下村博文守護霊　ええ？　真光の教義じゃ、認可は下りねえよ。とにかく、真光とおまえらは調和しとらんのだから、それが差し障りだな。

大川紫央　それは、政治家として、どうなのですか？　公平ではないですよね？

下村博文守護霊　真光は、おまえらにすごい嫉妬しとるからさ。ブラジルでも真光系の信者をいっぱい抜いたっていうんで、怒ってますからね。

大川紫央　それは信者さんの自由でしょう？　真光より、幸福の科学のほうがよかったということでしょう。

下村博文守護霊　幸福の科学は、ほかの宗教の賛成も受けられないし、わしに対して、名誉ある地位を与えようとせんからさ。

大川紫央　自分の自我我欲の利益のためだけに政治家をやっていたら、地獄へ行く危険がありますよ。

下村博文守護霊　「財務省」と「真光」と、両方から攻撃(こうげき)されたくないの。分かってくれる？

大川紫央　もういいではないですか。文部科学大臣を辞(や)めて、隠居(いんきょ)生活に入ればいいではないですか。ほかに何がしたいのですか。

転法輪　総理になりたいのでは……？（笑）

下村博文守護霊　まあ、とにかく、おまえらのを潰(つぶ)したら、人気が上がるんや。

大川紫央　人気が下がるかもしれませんよ。

下村博文守護霊　おまえらのとこでは、「真光の教祖は地獄に堕(お)ちてる」とか言うとるからね。許すわけにいかん。

大川紫央　でも、神様としては、そういう仕事もしなければいけませんからね。

下村博文守護霊　わしは、真光のところで、公然と挨拶したところで、大臣から引きずり降ろされないで済んでるわけだから、わしの判断は正しいんだよ。

大川紫央　だからといって、幸福の科学に難癖(なんくせ)をつける必要はないではありませんか。

下村博文守護霊　真光にはねえ、教えがそんなにないからね。「霊現象(れいげんしょう)中心」のところだからね。霊界があるということを証明することだけだったら、別に構わないです。害はないです。

大川紫央　言いたいことは、それだけですか？

下村博文守護霊　はい。

大川紫央　さようなら。

大川隆法　はい、以上です（手を一度叩(たた)く）。しつこいですね。

第4章

崇教真光初代教え主・岡田光玉の霊言

二〇一四年五月三十一日　収録

東京都・幸福の科学　教祖殿　大悟館にて

岡田光玉（一九〇一～一九七四）

昭和後期の宗教家。陸軍士官学校に進学し、第二次大戦において戦地に赴任するが、病気のため帰国。戦後、世界救世教に入信し、布教活動をする。一九五九年に神示を受けて、Ｌ・Ｈ陽光子友乃会を設立し、その後、世界真光文明教団と改称した。その教えを集めた「御聖言」がある。一九七四年に急逝し、その後、教団は、世界真光文明教団と崇教真光に分裂した。

質問者　※質問順

酒井太守（幸福の科学宗務本部担当理事長特別補佐）

小林早賢（幸福の科学広報・危機管理担当副理事長 兼 幸福の科学大学名誉顧問）※

［役職は収録時点のもの］

※幸福の科学大学（仮称）は、2015年開学に向けて設置認可申請中です。
構想内容については変更の可能性があります。

1 崇教真光初代教祖・岡田光玉氏を招霊する

文部科学大臣と崇教真光の関係について探る

大川隆法　幸福の科学大学設立に当たって、大学関係者が文科省等と交渉していますが、すでに文部科学大臣の守護霊というか、生霊もだいぶ来始めています。

今朝も来ていたのですが、話をすると、かなりきつい言い方をしますし、（大学の設置を）認めたくないような言い方をそうとうしてきます（第3章参照）。形式的、客観的な言い方ではあるのですが、「背景には、どうも宗教絡みがあるのではないか」と感じられてしかたがありません。そのため、当会のほうが空回っているのではないかと思います。

最近、文科大臣の守護霊の霊言を録りましたが（第1章参照）、公開をしないで隠していたため、その弱気のところを攻められています。つまり、信仰が薄いために押し切れないでいるのではないでしょうか。

また、今の文科大臣は、崇教真光の大会などに出て挨拶したり、いろいろしたりしているようですし、どうも、奥さんが真光系の〝手かざし霊能者〟か何かではないかと思われます。教祖のようにいろいろと視えたり、感じたりするらしいのです。そして、奥さんのほうが、当会についてかなり悪く言っているような感じがします。

今朝、文科大臣の守護霊が、「ブラジルでも、真光系と幸福の科学が戦いをしているし、あちこちでやっているのだ」というようなことを言っていました。

要するに、「当会の大学を認可すると、真光のほうが嫉妬する」という関係なので、厳しくしたいのではないでしょうか。できたら、通らないようにして、奥さんの顔を立てたいのではないかなという気がしています。

そのようなことが絡んでいるのか、それとも、関係なく行っているのでしょうか。

向こうでは、「崇教真光の教えのほうが正しくて、幸福の科学のほうが邪教だ」と言っているでしょうし、〝霊能者〟がたくさんいますので、あちらのほうを信じているのではないかと思います。表面上は繕ってはいますし、票になるのであれば構わないと思っているのでしょう。やはり、奥さんのほうが、そちらのほうへズボッと入っているのであれば、文科大臣本人は、位置的に逃げられない状態にあるのではないかと思います。

真光系の者だとかなりしつこいですし、当会の職員として〝転向〟してきてもなかなか悪い影響が取れないため、結局、辞めてもらったことが多いので、かなり根深いと思われます。

今は、「崇教真光」と「世界真光文明教団」に分かれていますが、教義は一緒です。岡田光玉の養女と、崇教局長派が割れて、崇教局長派が岡田光玉がつくった世界真光文明教団を〝乗っ取り〟、養女のほうが崇教真光を立てて、飛騨高山のほうに本部を置いて運営している状態だと思います。そして、文科大臣と関係があるのは、崇教真光のほうだと聞いています。

崇教真光については、私もだいたい分かっています。「御み霊」をつけて、「手かざし」をしていることは知っていますし、霊道を開いた前後ぐらいに、真光系の人とやり合ったことがあるので、経験があります。

岡田光玉を呼んでみて、絡んでいるかどうか、糸を引いているかどうか、そのあたりについて調べたいと思います。ほかの宗教の素性を明かすことは、少し忍びないので、あまりしたくはないのですが、向こうが敵視しているような状況にあるなら、しかたがありません。簡単に調べていきたいと思います。

では、よろしいですか。

酒井　はい。お願いします。

真光教団の開祖・岡田光玉を招霊する

大川隆法　では、世界真光文明教団、崇教真光等の教祖であり、開祖である岡田光玉氏をお呼びしたいと思います。

確か、この人は世界救世教から分かれたはずでありますし、もとは、生長（せいちょう）の家（いえ）と同じく、大本教（おおもときょう）の流れを汲（く）んでいるはずです。

特徴（とくちょう）としては、「みんなが手かざしをできるようになれば、みんながイエスと同じような業（わざ）ができる。それで、世の中が浄化（じょうか）される」というような教義だと思われます。

それから、おそらくは、かなり終末予言のようなものもしていると考えられます。

では、呼んでみたいと思います。

崇教真光の教祖である岡田光玉氏の霊（れい）よ。

岡田光玉氏の霊よ。

どうか、幸福の科学 教祖殿（きょうそでん）に降りたまいて、そのご本心を明かしたまえ。

われらは、今、大学設置の申請（しんせい）をしておりますけれども、あなたがたの教団のほうから、何らかの横槍（よこやり）が入っているのか、あなたのほうから、何らかのインスピレーションが降りているのかどうか、そういうところについて確認したいと思っています。

もし、関係がないなら、「関係ない」とはっきり言ってくだされば結構です。

関係があるなら、そう言っていただければ、よろしいかと思いますので、どうぞ、思うところをお述べください。

真光教団の開祖、岡田光玉氏の霊よ。

どうか、幸福の科学 教祖殿に降りたまいて、その本心を明かしたまえ。

（約十秒間の沈黙）

2　幸福の科学をどう見ているか

あとから来た幸福の科学に先を越されて悔しい

岡田光玉　うーん……、うーん……。

酒井　こんにちは。岡田光玉氏でございましょうか。

岡田光玉　うーん。汚れておる。

酒井　本日は、教祖殿のほうにお越しいただきまして、ありがとうございます。

昨今の世の中の状況について、光玉氏は、だいたいご存じですか。

岡田光玉　浄化しなきゃいかんな。

酒井　日本が汚れている？

岡田光玉　日本もそう。世界もそうだが、浄化しなけりゃいけないいな。

酒井　では、今、いちばんご興味があるのは、どういうところですか。

岡田光玉　まあ、政治もやっておるなあ。政治も盛んにやってるようだけども。もうひとつ勢力が広がり切らないので、納得がいかないなあ。

まあ、うちの信者は、霊現象好きだからなあ。だから、今、ちょっと、おまえさんがた幸福の科学は、霊言とか、いっぱい出してるからさあ、だいぶ〝食われてる〟ような感じがするんで、ちょっとなあ。

酒井　例えば、教育には、興味がございますか。

岡田光玉　まあ、それは教育だって、そらあ、いちおう、やりたかったわなあ。できたら。

酒井　真光さんのほうでも、「学校をつくりたい」という動きはあるようですが。

岡田光玉　うーん、悔しいけど。うちが先発なんだけどなあ。だから、（手元の資料を見て）「明治三十四年生まれ」と書いてあるわなあ。一九〇一年だから、今、生きてたら、百十三歳や。

だから、五十年ぐらいやなあ。あとから来たものに、先越されるのは、悔しいわなあ。

酒井　今、われわれに対して、何か具体的なアドバイスがありますか。

岡田光玉　いや、大学つくったら、次に政党も成立させようとしてんだろう？　だから、創価学会を追い越そうとしてんだろう？　それは、宗教戦国時代を制そうと思っとんだろう？　おまえらの考えはなあ。

だけど、わしが〝メシア〟なんじゃや。わしはイエスの業と同じ技をしとるわけであって。

イエスは、そんな単純な教義で奇跡を起こして、世界宗教をつくったわけなんで、これでいいんだ。

おまえらが出てきて、なんか難しい教義をいっぱい編んで、学問みたいな教えをいっぱい説いて、複雑化してなあ。これは、宗教から外れとるんだよ。だから、もっと簡単でなきゃいかんからさあ。

小林　信者もだいぶ取られ、それから、影響力もだいぶ違ってしまったわけですね。

岡田光玉　ああ、だいぶ違うよ。うちだけじゃないでしょう。

小林　大本教も、生長の家もですね。

岡田光玉　それから、世界救世教。生長の家とか、先行してたやつを、今、全部、追い越していこうとしてるだろう。

小林　そうですね。

岡田光玉　そら、まあ、大変だよなあ。

3　下村文部科学大臣との関係を語る

「下村博文氏を文部科学大臣にするために汗を流した」

小林　やっぱり、そういったあたりの嫉妬心というのがあると。

岡田光玉　嫉妬心ってさあ、だから、やっぱりメシアが立たんじゃない。

小林　うん。これだと自分がメシアとしての証明にならないし、忘れられることになるから、いろいろちょっかいを出しておられるっていうことですか？

岡田光玉　うーん、下村を文科大臣にするまでに、わしはどれだけ汗を流したか、ええ？

小林　下村さんを文科大臣にするのに？

酒井　下村さんのことはご存じなんですか。

岡田光玉　ええ？　そらあ一生懸命、教団で応援して汗を流した。おまえら口先だけでほとんど何もしとらへんねん……。ああ？

小林　いえいえ。まあ確かに、下村さんご本人のホームページを見ましても、そちらの大会で講演されたりとか書かれてますんでね（笑）。

岡田光玉　ああ。だから講演してもやなあ、社会的に非難を受けないほど立派な団体なわけよ。

小林　ずいぶん応援されてるわけですねえ。

岡田光玉　私らはそんな社会的な事件なんかまったく何にも関係ない。

あんたがたはオウムに近い教祖を推してるじゃない。

小林　いえいえ、今日はちょっと議論のテーマが違うんでやりませんけども、社会的問題に関しては幸福の科学ではなくて、そちら様のほうが問題だったと思いますので。

岡田光玉　ああ、そうか。うち、何か問題あったかなあ。

小林　ええ、ええ。問題だと思いますんで。今日はその議論はしませんが。

岡田光玉　ああ、まあいいよ。

小林　要するに、そういった意味では、下村さんのところにご縁があったということですね。

「下村文部科学大臣の周りをうろうろしている」

岡田光玉　わしがメシアなんよ。わしんところでは、手かざしで霊能者が大量にできたわけだからね。何千と出てきたから。

小林　ええ。

岡田光玉　これこそ「メシアの証明」なんだからさあ。キリスト教を超えてるんだよ。

小林　ええ。その詳細はまた後ほどお訊きしますが、では、具体的に下村さんに今回の幸福の科学大学の設立に関して、いろいろ働きかけをされたと考えてよろしいのでしょうか。

岡田光玉　いや、下村自身はねえ、大川がそういう霊言能力でね、いろんなものを明らかにして啓蒙していること自体は、まあ、宗教家として活躍してるということは認めてるんだと思うんだよ。

うん、ただ、君らの教勢を加速することに、自分が一枚嚙んだと思われるということは、やっぱり、うーん、真光のやなあ、純粋な信者たちの心を踏みにじることになるからなあ。

小林　つまり、そちらから少し脅しが入ったということですか?

岡田光玉　だから、まあ、早い話、（大学設立が）「後れてほしい」し、できたら「頓挫してほしい」。

小林　要するに、世の中の言葉で表現すれば、「業務妨害」ということですね。

岡田光玉　業務妨害っていうことないでしょう。宗教による正当な競争なんだから業務妨害じゃないよ。

酒井　じゃあ、光玉氏は、下村大臣に直接インスピレーションを与えることはできているんですか。

岡田光玉　インスピレーション？　まあ、それはうろうろしてるよ。

小林　あっ、うろうろされてるわけですね。

岡田光玉　わしはいろんな霊能者を全部指導してるわ。

下村夫人は、「霊視・霊言・手かざし」ができる「あげまん」？

酒井　下村大臣の奥さんはどうでしょう？

岡田光玉　ええ？　うーん。まあ……、それはもう感謝してると思うよ。わしの導きにより、今、ここまで地位が……、出世したと……。

小林　では、奥様も今、お導きを受けてるわけですね？

岡田光玉　うーん。

酒井　霊能者としては優秀な方なんでしょうか。

岡田光玉　まあ……、教団をつくれるほどではないけどな。ただ、君らの言う「あげまん」に当たるわけだからなあ。

酒井　はあ。

岡田光玉　要するに、真光系の信者は〝労働力〟なんだからねえ。〝労働力〟として、選挙運動を非常に地道に手伝ってて。君らは自分らが目立つほうに一生懸命、表側に踊りだして派手に手を振りまくって……。

酒井　まあ、結構です。

奥様の霊的な力について教えていただきたいんですが。

岡田光玉　だから、それは夫婦だから信じてるよな。

酒井　霊言とかはできるんですか。

岡田光玉　まあ、ちょっとできる……、かもしれないねえ。うーん。霊視とかもよくできるよ、霊視とか霊言とか、手かざしもできるし。まあ、いちおう、ちょっとした「ミニ教祖」ができるレベルまでは……。

酒井　光玉氏はそのときに、何か力をお与えになってるんでしょうか。

岡田光玉　うーん？　まあ、うん……、巡回するぐらいだけどねえ。

酒井　巡回するぐらい？

岡田光玉　それは、いつもいるわけじゃない。わしも大きな教団をひかえてるから。

「イエスを超えた」と豪語する岡田光玉氏

小林　でも、〝メシア〟でいらっしゃるわけですからねえ。

岡田光玉　メシアだよな。だからイエスを超えたと思うんだよな。

小林　ええ。

岡田光玉　イエスは死後に、弟子たち何人かに異言をしゃべらせたり、ちょっとヒーリングパワーを与えたりはしたけど、わしはもう生前から弟子たちにパワーを与えた……。

小林　ええ、だからミセス下村のように、異言ができると称する方に対して、インスピレーションを与えられたわけですね。

酒井　どのようなことを、お伝えになられてますか？

奥様に対してのインスピレーションは。

岡田光玉　とにかくなあ、この真光の御み霊をつけて、手かざしをすれば熱くなってくるわけで。

これ、なーんちゅうかなあ、神の光というのをみんな感じる。実体験できるんだよな。

酒井　はい。

岡田光玉　こういう宗教っていうのは、かつてない宗教なんだ。

「幸福の科学は崇教真光の〝パクリ〟」と主張

酒井　幸福の科学に関するアドバイスはされてますか？　奥様に対して。

岡田光玉　いやあ、ちょっとパクリがあるからね、ここはね。パクリが多いから。

酒井　パクリっていうのは具体的に言いますと？

岡田光玉　パクリが多いんだよなあ。だから、うちは真光でだなあ、高橋信次とかはうちに来て研修をしてだなあ、能力を開いて持って帰って宗教つくったやつの、それのまたパクリが幸福の科学じゃないか。

小林　あっ、そういうことを奥様に言わしめてる？

岡田光玉　うん、言わしめてってていうか、われらの世代の宗教の人なんか、みんなそう思うとるだろうよ。

小林　いやいやいやいや。そのご主張を、インスピレーションを降ろすなり、あるいは下村夫人にオーバーシャドウして語ってもらってるっていうことですか？

岡田光玉　だから、メシアは数多く……、まあ〝小メシア〟がたくさんできてるわけで。これこそ「救世の業」であって、この宗教が日本中に広がらないかんわけであって、幸福の科学を広げるための後押しなんかしちゃあいけないから。

小林　つまり、後押ししちゃいけないということを言っておられるわけですね？

岡田光玉が下村夫人に降ろしている「メッセージ」とは

岡田光玉　まあ、もちろん、それは、霊能者として、教祖が一人おってもいいけどさあ。そのくらいのところは、たくさんあるから、いいけども。そのくらいの程度のものが、あんまり大きくなっちゃいけないいな。

わしらみたいに、「何千人もの霊能者をつくり出す」ぐらいの力がなきゃあ、やっぱりなあ。

小林　では、「大きくなってはいけない」という指導をされているわけですね？

岡田光玉　うーん。うん。

酒井　それは、奥様を通じて、下村博文(はくぶん)大臣のほうには、伝わっているわけですか。

岡田光玉　それは、だから……、まあ、幸福の科学を、「危険な宗教だ」と見てるわなあ。

小林　そういうふうにメッセージを降ろしているわけですね？

岡田光玉　メシアを名乗ってるからな。

酒井　だから、危ないと？

岡田光玉　真実のメシアは、もう、すでに出たわけだからな。

酒井　そういうことを、伝えているのですか。

岡田光玉　イエスと一緒で、亡くなって時間がたってから、みんなに認められる。世界的に認められなきゃいけないから。

小林　では、具体的に、奥様のほうは、「実は岡田光玉氏がメシアなんだ」、あるいは、「そう思うよ」ということを……。

岡田光玉　いや、「思うよ」じゃなくて、それを信じてるわな。

小林　ええ。それを信じているから、当然、ご主人にも、そうお話をされたわけですね。

岡田光玉　うん。だから、こちら（大川隆法）が、メシアを名乗ってるけど、偽メシアで、これは、あれと一緒や。統一協会の文鮮明と一緒だから。違うか？

小林　つまり、「大川隆法は、文鮮明と同じ偽メシアだ」ということを、奥様が大臣に言っているということですね。

岡田光玉　そうそう。

指導を受けた下村夫人が視ているものとは

酒井　霊視ができるとのことでしたけれども、奥様は、どういう霊視ができるのでしょうか。

岡田光玉　だから、霊が視えるんじゃないの？　大川隆法に、悪魔がたくさん取り憑いてるところが視えたりするんじゃないかなあ？

酒井　「憑いているのが視える」というのは……。

岡田光玉　視えるんじゃないかなあ。

酒井　そういうときにも、何か、ご指導はされていますか。

岡田光玉　いや、まあ、アハッ。

小林　されているわけですね？

岡田光玉　アッハハ。いや、それは……。

小林　幾つか業があるのは存じ上げていますが、それを、されているわけですね？

岡田光玉　まあ、とにかく、真光の霊能者は、すごいからね。いろいろなものが視えるから。

酒井　光玉氏も、すごいわけですよね？

岡田光玉　そらあ、まあ、釈迦の百倍ぐらい強いからねえ。

小林　そう、おっしゃっていましたからね。

幸福の科学の一人勝ちを阻止するための「下村大臣」？

小林　では、具体的に、キャスティング（幻影の投げかけ）というか、そういうことをされているわけですね？

岡田光玉　うーん、だから、まあ……。

酒井　それは示さないといけないですものね？　「これは、偽メシアだ」というようなことを。

岡田光玉　まあ、だから、実証をねえ、一生懸命やった。
だから、今、ここ（幸福の科学）が一人勝ちみたいになってきつつあるのを、何とかして阻止（そし）せないかんから。やっぱり、頓挫（とんざ）が必要だわね。だから、政治力が要（い）るわな。

酒井　ああ、「そのための、下村博文大臣」ということなのですね？

岡田光玉　下村は、「もし、大きくなるんなら、大川だって利用したい」っていう気持ちは残ってるとは思うがな。政治家としてはな。

酒井　そうですね。

岡田光玉　ただ、まあ、幾つかの宗教に属するのはよいとしても、やっぱりさ、結局、本心から言やあ、「いちばん親しいところ」は、一つになるわな。

小林　それが、岡田さんのほうから見た下村観であり、下村さんも、実は、そう思っている と？

岡田光玉　やつが思ってるのも、結局、本物の宗教っていうのは……。いや、霊界は信じてるわけよ。「今、霊界の証明をする業を持っていて、それが現実に実証できるのが科学的宗教であり、本物だ」っていうことで、真光は、その業を持ってて、実際に実証してるからねえ。

酒井　例えば、病気治しなど、そういうことですよね？

岡田光玉　ああ、たくさん治るねえ。

酒井　では、大臣たちは、その病気治しを見たということになるわけですか？

岡田光玉　そんなもん、いっぱいある。もう、ゴロゴロあるからね。だから、もっともっと広がらないかんのやなあ。

小林　「それが、なぜ、広がらなかったか」ということに関しては、あとで議論させていただくとしまして……。

岡田光玉　いやあ、それは、そういう現象を起こすために、わざと、教えを簡単にしてな、そんなに難しくしなかったのは事実だけど……。

おまえらのところは、教えが難しいからな。とっても難しいことを、たくさん説くからさ。それを言うほうを、近代人は喜ぶ癖（くせ）があるから、気をつけないかん。

有名な人の霊（れい）がたくさん出る幸福の科学はサタンなのか？

小林　確認させていただきますけれども、「下村さんの奥さんは、『大川隆法には、悪（あく）霊（れい）とか、そういうものが、たくさん憑いている』、あるいは、『憑いているのが視える』と旦那（だんな）に言った」ということですね。

岡田光玉　そらあ、まあ、見解はいろいろあるけどもなあ。とにかく、（幸福の科学に）出とる霊はさあ、次から次へと、有名人ばっかりやん。そうだろう？　誰（だれ）でも知ってるような有名人ばっかり、たくさん出るでしょう？　真光にも業は起きるけど、そんな、有名人を、たくさん出せるわけがない。当然ながらね。

小林　そこが、真光と幸福の科学の違いなのです。

岡田光玉　だから、真光は本物なんだけど、（幸福の科学は）有名人ばっかり出るっていうことは、もう完全にサタンの支配下にあるっていう……。

酒井　ただ、あなたは、教えを簡単にしたわけですよね？

岡田光玉　ええ？

酒井　偉大な宗教家というのは、しっかりとした教えを説きますよね？

岡田光玉　いやあ、イエスみたいに、無名で、救済をただただやってきた人間なんだよ。

小林　分かりました。有名人云々（うんぬん）のところは、別途（べっと）の議論としましても、まあ、そういうふうに、下村さん、および、その奥さんがおっしゃったことは、あなたからご覧になられても、事実であると。

岡田光玉　最近、芸能系まで手を出してき始めたからねえ。だから、サタンだ。ほかの宗教は、みんな、おんなじだと思ってるよ。「有名人が誰でも出る」なんて、こんなの、絶対にありえないことだから。

岡田光玉氏が見る、下村大臣が持つ「劣等感」と「嫉妬心」とは

酒井　私は、何年か前の選挙のときに、下村さんと会ったことがあります。衆院選の前ですね。

岡田光玉　ああ、そう。ふーん。

酒井　教団に来て、挨拶もされていました。

岡田光玉　うん。

酒井　あれは、どうなのでしょうか。

岡田光玉　いや、宗教は票ですから。それは、政治家として行って、いちおうの、浅いところでの付き合いはするだろうと思いますよ。

酒井　では、あれは、嘘？　信じていなかったということですね。

岡田光玉　いや、そんなことはないでしょう。

酒井　信じている？

岡田光玉　政治家の心中っていうのは、「レベル一、レベル二、レベル三、レベル四、レベル五」と、たくさんありますからねえ。

酒井　おたくをレベル幾つとすれば、うちはレベル幾つですか。

岡田光玉　いやあ、それは、あいつに訊いてみんと分からん。それは分からん。もう本心は……。

小林　ですから、「このまま行くと、下村さんご自身が、法令違反をされかねないので、そこまで引っ張っていってよろしいのですか」ということを申し上げているのです。

岡田光玉　いや、そんな、君らの言うてることは難しいて、わしにはよう分からんけども、とにかくだねえ、まあ、下村もなあ。わしらは、大川隆法が、有名人ばっかり出して、最近、芸能人にまで手を出してきてるんで、これを、なんとかして食い止めないかんと、今、思うとるけれども、下村も、そういう意味では、劣等感を持ってるからなあ。「大川が、インテリの霊能者」っていうのに、やっぱり、ちょっと嫉妬心があることはあるからさ。

「自分のほうが上だ」っていうふうにしたくて、今、戦ってるところもあると思うんだ。

小林　生身の人間ですから、いろいろな感情はあると思いますが、それと、例えば、大臣などの、いわゆる公的な判断に影響を与えるところまで行ってよいのかということとは、また別の議論になります。

岡田光玉　いや、だからそれは、政治家としての用語を駆使(くし)してだねえ、幸福の科学の大学審査(しんさ)に当たっては、決して優遇(ゆうぐう)するようなことなく、普通(ふつう)と同じように厳密な審査基準を当てはめるようにと考えてる。

酒井　ただ、下村氏の守護霊は、当会に対しては、やはり、明確に、嫌(いや)がらせに近いような発言をされています。

岡田光玉　だけど、わしだけでないよ、そら、創価学会(そうかがっかい)だって、絶対、確実にやっとるはずだから、一緒だよ。

小林　そうした議論は、別途行いますので。

岡田光玉　うん、うん。

〝偽(にせ)メシア〟につかまらないように下村大臣を指導している?

小林　ただ、いろいろ見ていると、どうも、意外と、影響力を行使されているようなので、そうしますと、その影響力の中身の「妥当性」と「正当性」に関して、当然、チェックが入るということについては、受けてもらわざるをえないですね。

岡田光玉　だから、下村は霊現象が好きなのよ。とっても。

小林　ええ、好きなのは分かりますよ。

岡田光玉　うーん、だから、そういう意味では、君らが楽なところもあるんだけどね。霊現象自体は好きなの。とってもとっても好きなのよ。変なオカルトみたいなのが、ものすごい好きでねえ。

小林　ですから、その霊現象の内容の判定に関して、間違った判断に基づいて、いろいろな決断をしていくとなりますと、これに対しては行政上の責任が発生しますから、そこは、公人として、しっかりと峻別してもらわなければいけません。

岡田光玉　君の言葉はねえ、わしには全然分からんのだよ、意味が……。

小林　分かりました。要するに、卑怯なことをされては困るんですよ。

岡田光玉　え？　卑怯？　なんで卑怯なの。指導してるのに、なんで卑怯なのよ。

小林　ですから、ご指導されていることが、とても卑怯なことだ、メシアにあってはならないことだと……。

岡田光玉　いや、いや、メシアが誰かということで、メシアを間違わんようにしないと……。〝偽（にせ）メシア〟につかまって、大臣が応援したりしたら……。

下村大臣自身の態度と、その周りを取り巻く環境（かんきょう）とは

酒井　先ほど、「下村大臣に（指導を）やっているのは、わしだけじゃない。創価学会もだ」と言っていましたが。

岡田光玉　当ったり前だよ。そらそうだよ。

酒井　「（幸福の科学を）潰（つぶ）せ」と言ってきているわけですか。

岡田光玉　ほかだって、もう全部、できるかぎり幸福の科学の妨害に入ってるよ。あ

んなにいっぱい宣伝を打って、大学までやって、政党はつくってって、これは、もう許せないんで、あっちもこっちも、君らの敵は百倍いるよ。

小林　それは結構ですが、例えば、創価学会さん以外のところは、あなたから見ていて、何をしています？

岡田光玉　そらあ、この前、民主党を応援してた新宗連（しんしゅうれん）だって、もう敵に回ってるでしょ、完全に。君らなんか、味方は一人もいないよ。狼（おおかみ）よ。一匹（いっぴき）狼よ。

酒井　いえいえ、つまり、下村大臣に対してアプローチしているのは、あなただけではないということですよね？

岡田光玉　いや、下村は一時期、君らに関心を持ったことがあるけど、君らが、あんまりにも上から目線で偉（えら）そうに言って、見下（みくだ）す態度をとるからさあ。

酒井　いや、それは違いますよ。

岡田光玉　カチン！　ときてんだよ。

酒井　私は、彼に会ったことがありますが、挨拶もせず、いきなり、「選挙の手伝いに何人の人間を出せるんだ。どれだけの人手を出せるんだ。早くいっぱい出してくれ」と言ってきました。

全然、腰が低くないですよ。「おまえは何人の人を出せるんだ」と、それだけですよ。こんなことを言っていいのか分かりませんが、「この人を応援してよいのだろうか」という気はしましたね。

岡田光玉　そらあ、ほかの宗教が、その程度でいいわけだからね。

酒井　幸福の科学を完全に舐めきっていました。

岡田光玉　舐めきってたっていうか、ほかのところが一生懸命に精を出して働いてるのに……。

酒井　要するに、「何人出せるんだ」という人手ですよね？

岡田光玉　そうだよお。いつも、みな、そうだよ。

真光が学校をつくれず、幸福の科学はつくれるのが許せない

岡田光玉　やっぱり、選挙のときは、十人やそこらが出せるかどうかって……。

酒井　「（人を）出せなかったら、そんなものは、もう使いものにならない」と。

岡田光玉　うーん。票は、入れたかどうかなんていうことが分からんからさあ。

酒井　真光は大勢の人を出しているわけですね。

岡田光玉　うん、出してる。

酒井　その真光が学校をつくれないから、幸福の科学に対して、「学校をつくるなんてありえないでしょう」と言っているのですね。

岡田光玉　そうそう。教勢がさあ、今は、せいぜい公称数万人しかいないのに、まあ、これは公称だからね、実際……。

酒井　ただ、学校というのは、少なくとも、法令に基づいてつくらなければいけないものなので、「誰が応援してくれるか」ということだけで決めるというのは、実は、まずいことですよね。あなたがご存じかどうかは分かりませんが。

岡田光玉　それは、やっぱり、彼はちゃんと合理的に文部科学省を指導し、審議会の厳密な審査に任せるというだけだったから、あなたがたが期待するような……。

小林　いや、ただ、あなたご自身が、そのように影響力を行使したことによって、もはや、その判断の正当性がなくなったわけですよ。

岡田光玉　だから、あなたがたの大学の〝ボンクラ幹部〟たちが期待してたように、あなたがたに有利に取り計らうようなことはしてないということは事実だわなあ。

酒井　逆に言えば、不利になるようなことを文科省などに言っている。

岡田光玉　いやあ、心を鬼(おに)にして、唯物論者(ゆいぶつろん)と同じようなことを言うてるんじゃないの?

酒井　「認めるな」みたいな発言まで、してしまっている可能性はありますか？

岡田光玉　いや、「そりゃない」と思うけども、まあ、「野党から追及されたときに、答えられないようなことは一点も残してはならない」というようなことは指導してるでしょうなあ。

小林　それは、あなたが指導をしている。

岡田光玉　大臣がね。

酒井　あなたが指導している。

岡田光玉　わしは、そんな細かいこと、言う人間じゃないわ。

酒井　では、大臣が、官僚に伝えている。

岡田光玉　そう、そう、そう、そう。「それは、そのへんは厳しい」と。「今、状況は厳しいし……」。

小林　ええ、まあ、それは分かっているのですけれども……。

岡田光玉　「財務省も敵に回しとるし、これはスッと通すのはなかなか大変なことなんであるよ」と。

小林　まあ、それは、いいですけれども、そういう指導なり何なりをするような動機づけを、あなたが、下村さんにされているわけですね？

岡田光玉　うーん。まあ……。

小林　あるいは、（大臣の）奥様を通じて、奥様が、されているわけですね？

岡田光玉　いやあ、そう……。

酒井　奥様が困るようなことは、できないですからねえ、旦那様としては。

岡田光玉氏が、幸福の科学大学を「成立させたくない」理由

岡田光玉　まあ、でもいいけど、それで大学と政党が成立したらやなあ、あと、創価

学会と幸福の科学が東西の横綱になって対決して、それでナンバーワン決定戦になるんだろうからさあ。なんか、（俺は）過去の遺物になって、もう、今は、生長の家まで、どんどんどんどん小さくなっておるし、世界救世教だって、全然伸びないしさあ、俺らは忘れられてる。

小林　うん。「それが嫌だ」ということですね。

岡田光玉　ええ？

小林　要するに、簡単に一言で言えば、「それが嫌だ。それが困る」ということを、おっしゃっているだけですね？

酒井　「抜かれていくのが嫌だ」と。

岡田光玉　だから、「俺の時代が終わろうとしてる」じゃないの！

小林　うん。「それが気に食わん」と。

岡田光玉　まあ、まずいじゃんかなあ。

小林　「それがまずい」と……。「だから、影響力を行使してる。インスピレーションを降ろしてる」と。

岡田光玉　うーん。

4　崇教真光の実態と岡田光玉氏の霊的真相

「崇教真光」は〝呪い殺し〟をやっている宗教

酒井　ただ、あるときの霊査によると、あなた様は、かなり、熱い世界にいらっしゃいますよね。暖かいというか、熱いというか……。

岡田光玉　うん。だから、〝神の光〟を、今、降ろしてるからな、各人にね。御み霊祀って。

酒井　そうとう熱いですよね。

岡田光玉　ほらほら、あんた、熱くしたら熱い。ほらあ、あつあつあつあつ、それは、胸が、熱くなってくる、熱くなってくる、そら。

小林　霊界の話に入る前に、先ほど、要するに、「いろいろな霊的な影響を、幸福の科学も含めて、真光等にも与えているんだ」とおっしゃいましたけれども、そうなりますと、そのやっている行為の正当性、正しさが、次に問われるわけなのですが……。

岡田光玉　まあ、証明しようがないよ、こんなもん。霊界の話なんだからさあ、なんで証明しよう。役人もどうしようもないなあ。ハッハッハッハッハッハ、アハハハハハ（笑）。

小林　いやいや、笑ってごまかすのは駄目ですよ。ひとつ、質問に答えていただきますね。

岡田光玉　わしは、豪快な男なのよ。

小林　崇教真光は、〝呪い殺し〟をやっていますね。

岡田光玉　まあ、そんな大きなものは、やってはないよ。

小林　いやいや、やっていますね。

岡田光玉　いやあ、崇教もやってるけどなあ、真如苑だってやってやってるしさあ……。

小林　うん、やってますよ。それは分かってます。

岡田光玉　そんなもん、桐山のとこも……、なんや、阿含宗だって、〃大川隆法・祈り殺し〃なんて、みんなやってるよ。

小林　動機において、人殺しをやっているわけですね？

酒井　ちょっと待ってください。今、気になった。大川総裁に対して、今、何かやっているのですか。

岡田光玉　みんな、やってるでしょう？「早く死ね」って。

酒井　な、何ていうことやってるんですか。

小林　大川隆法総裁だけではなくて、実は、その業を、過去、いろいろなところに対してやっていますでしょう？

岡田光玉　だから、おまえらのとこはな、教祖一人だからさあ、弟子を偉くしないとこで、シーリングをかけて、今、してるわけでしょう、一生懸命。「弟子のとこを絶対に公人にしない」っていう、政治とか、大学とか、いろんなとこがあるけど、「強い言論人とか発言力がある人間は、弟子では出させない」っていう……。

小林　要するに、呪い殺しをやってますよね。

岡田光玉　そう、そう、そう、そう。

小林　うん。だから、「そういう宗教だ」というコメントを客観的に頂いて、それを伝えようと思っているのです。

岡田光玉　別に、何の問題もないじゃない。

酒井　ああ、そうですか。

小林　だから、それを、「何の問題もない」と思っている、そういう宗教が、文科大臣に影響を与えているということを、事実として明解にしたいのです。

岡田光玉　空海以来の真言密教の伝統に則ってるんだよ、これは。全然、問題ない。

小林　いや、いや、いや。ごまかさないでください。それは話の筋が違いますので……。

「崇教真光」は〝手かざし〟によって病人をつくっている？

酒井　では、それは、池田大作に対してもやっているのですか？

岡田光玉　池田大作は……、向こうは、そんなことはしないで、実際に殺しにくるほうだからな。

酒井　に対しても、あなたはやっているのですか？

岡田光玉　ええ？　ええ？　私？

酒井　あなたがたは、創価学会に対しても……。

岡田光玉　池田大作は、ちょっと別系統だなあ。

酒井　そういう呪い用の術はかけていない。

岡田光玉　うーん。いやあ、あれは別系統の動きをしとるんでねえ。暴力団だって組がいっぱいあるだろうが。

酒井　違う違う。あなたが、ですよ。

岡田光玉　ええ？

小林　ですから、世の中の、この世の人に分かるもので言うと、今のが一つで。

岡田光玉　ああ、池田だって、そらあ、病気してるから……。

小林　いや、ちょっといいですか。それで、二つ目は、実はけっこう、その業をやって、いろいろな人が、引っ繰り返って病院に行っていますね。

岡田光玉　うーん、まあ、そらあ、しょうがないだろう。宗教の奇跡には、そういうこともあるわ。

小林　いえ、いえ、いえ、いえ。業をかけているほうが、引っ繰り返って、病院に行っているのですけれども……。

岡田光玉　かけたら、どう？　うん、うん、うん？

小林　要するに、「そもそも効いているのか」ということが一つと。

岡田光玉　何々、何、病気治しの話？　それとも、大川にかけてるっていう話？　どっち向きの話してる？

小林　一般論のほうです。一般論の話。

酒井　手かざしです。

小林　うん。それで、大川隆法総裁にかけている人が、引っ繰り返って、入院しているのはよく知っていますけれども……。

岡田光玉　ああ、それは、真如苑のほうが有名やなあ。真如苑が、引っ繰り返ったのは……。

小林　ああ。それはよく知っていますけれども、それ以外にも、実は、要するに、「手かざしだ」とか、「病気治しだ」とか言いながら、客観的に見ると、実は、病人をつくるほうのことをやっている。

「わしは、日本の中心の、富士山を司っているような気がする」

岡田光玉　ああ、何か、ここにいたら、体が熱くなってきた。わし、本当に。もう、神と一体になってる感じだな。熱い。もう体が熱くなってくる。

酒井　ここ（幸福の科学 教祖殿 大悟館）に来て、実は、楽になったのではないですか？

岡田光玉　熱い、熱い、熱い。カッカと熱くなってきた。

小林　うん。分かりました。では、その〝熱さ〟の「中身の検証」に入りましょうか。

酒井　楽になったでしょう？

岡田光玉　ええ？　何を言ってるの。カッカと熱くなってきたら、うわあ、〝わしが救世主だ〟っていうのは本当、ほんまやなあと……。

あのライトが熱いんかなあ、もしかしたら。

酒井　普段、あなたは、どれぐらいの熱さのなかに存在できるのですか。これは、そうとう忍耐力がないと、いられないと思うのですが……。

岡田光玉　うーん、まあ、やっぱり、そうやなあ、日本の中心の富士山を司ってるような気がするな、自分は。

酒井　「そのマグマのなかぐらいの、熱さのなかにいる」ということですか？

岡田光玉　だから、噴火させるもさせないも、わしの一存やと思って、わしが怒ったら、もう、バーンと火山弾が出て、火の雨が降るよ、きっと。火の玉が……。

小林　（苦笑）まあ、それはちょっと別として……。

「御親元主真光大御神」とはどういう神なのか

小林　霊界の話に移る架橋の話として、一点、お訊きしますのが、例えば、生前に、いろいろな〝業〟などをされていましたよね。そのときに、誰があなたを指導していたのですか。

岡田光玉　うん？　わしを指導してた？　メシアを指導できるほどの人は、もう……。

小林　いえいえ、あなたに力をくれていたのは誰ですか。

岡田光玉　ああ、まあ、あれは、ちょっと、世界救世教の教祖とかもいたからなあ。

酒井　いや、ちょっと待ってください。「御親元主真光大御神」。この神様は、どういう神様ですか。

岡田光玉　ウヘヘヘヘッ。へへへへ……。ちょっとなら勉強しようとしてんのかい？

酒井　いや、勉強しているのではなく、今、読んだだけです。

岡田光玉　入信するか。うちで研修を受けたらできる。

小林　あの世に戻られたから、その神様が、どういう神様か分かりましたでしょう。

酒井　「御親元主真光大御神」という方は、どういう方なのですか。

岡田光玉　まあ、それは、日本神道にもいろいろな霊界があるからさ。それぞれのところで、神様はたくさんいる……。

酒井　どういうところに住まわれている？

岡田光玉　ええ？　どういうところって、まあ、火山のなかに住んどるんじゃないの。

小林　火山のなかに住んでいる神様。

岡田光玉　うーん。「火山の神様」だな。

酒井　では、その方は、火山のなかで何をされているのですか。

岡田光玉　うん？　やっぱり、火山のなかで、極悪人(ごくあくにん)たちを焼き滅(ほろ)ぼす仕事をしてるんだよな。

酒井　焼き滅ぼす。では、そこには、極悪人がどんどん降りてくるわけですか。

岡田光玉　極悪人が来たら、やっぱり、溶岩(ようがん)のなかで焼いていって、焼けただれるほどのお仕置きをしてるんじゃないかなあ。

酒井　なるほど。

小林　そういうところは、一般的には、「火炎地獄(かえんじごく)」とか「阿修羅地獄(あしゅらじごく)」などと言うのですが、その方がそこに行ったのには、おそらく、それなりの理由があったと思うのです。もし、お分かりになればで結構なのですが、その方がそこへ行く前は、何をされていたのでしょう？

岡田光玉　うーん？

小林　生きているときのことです。おそらく、今、岡田さんも同じ世界に行っていると思いますが。

真光の祭神は、「根の国」にいる火の神様？

酒井　メシアだったら、当然、その方よりは上ですよね？

小林　観自在力がおありになるわけでしょう？

岡田光玉　うーん？　うーん？

酒井　そういう役割をしている人は、生きているときに、どういうことをしていたのですか。

岡田光玉　だから、まあ、「根の国」に行っとるんだ。

酒井　「根の国」ですね。

岡田光玉　「根の国」じゃないの？

酒井　その「根の国」へ行く前に、この地上で生きているとき、肉体を持っているときは、何をされていた方なのですか。

岡田光玉　だから、それは、火の神様なんじゃないかなあ。

酒井　いやいや、生きているときです。

岡田光玉　うん。だから、火がつく神様がいるんじゃないかなあ。

酒井　いや、人間として生きているときは、神様ではないでしょう。

岡田光玉　いや、まあ、「火照命」とか、「迦具土何とか」だの、火がつく神様がいるけど、たぶん、そういう人の変名じゃないかなあ。

酒井　それは、無理ですね。

霊界での仕事は、「世の人々に熱と光を与えること」なのか

酒井　そうしますと、あなたも、そこの、炉のなかで罪人を……。

岡田光玉　まあ、今んところ、個別の救済を中心にやっておるけども、「最後、世界

が汚れたままで、全然、回復しない」ということであれば、火の雨を降らせて、ムーやアトランティスの最後みたいにする。

酒井　ただ、あなたは、今、火山のなかの、その溶岩のただれたなかに、罪人を放り込んでいる人でもあるわけですよね？

岡田光玉　放り込んでいるというか、まあ、「裁き」を与えている。

酒井　「裁き」を与えているわけですよね？　あなた自身は、そのなかに入ったりはしないのですか。

岡田光玉　だから、私は、体自体が燃えるマグマみたいなんだ。

酒井　では、そのなかに入っても、全然、熱くはない？

岡田光玉　うん？　そらあ、関係ないやろう。

酒井　そのなかにいると、ほかの人は熱いけれども、あなたは熱くはないのですね？

岡田光玉　わしは、世の人々に熱と光を与えるのが仕事……。

小林　先ほど、最初は穏やかだったけれども、今から五分ぐらい前、「急に体が熱くなってきた」とおっしゃいましたね？　その火炎地獄から、急に、エネルギーが上がってきたわけですね？

岡田光玉　これは、真光の業なんや。真光の業だからね。おまえらもこのわしの熱いのを感じてきたら、「ああ、正しい宗教はこっちか」というのが……。

小林　全然、感じないんですけれども。

「わしへの信仰心がない人間は罪人」と説く岡田光玉氏

酒井　じゃあ、そのなかに入る「罪人」というのは、どういうことをしたらそこに連れていかれるんですか？

岡田光玉　やっぱり、わしへの信仰心がない人間だ。

わしへの信仰心を持っとる人間だけが救われる。

酒井　例えば、真光教団のなかで、あなたに対して十分な信仰がなかった場合は、そこに行く人もいるっていうことですか。

岡田光玉　そらあ、あちこちの〝火山〟に閉じ込められとるだろうなあ。

小林　閉じ込めてるわけですね？

岡田光玉　うーん。

酒井　今、真光の方は、そういうところにどれくらい行ってるんですか？

岡田光玉　え？　真光の人はプールの監視員みたいにいるだけなんじゃないの？　うーん。

酒井　そこの、あなたの周りにも真光の方はかなりいらっしゃる？

小林　それは、端的に言えば、真光のなかでも上のほうの人が「プールの監視員」になっていて、たまたま騙されたりして縁のついた人が、火のプールのなかに閉じ込められているということではないんですか？

岡田光玉　まあ、ようは分からんけど、日本は火山国だからね。火山っていうのは、日本をつくっとる源流だから。今、国民は、火山の噴火とか地震とか恐れてるやろ？　だから、その神の正体はわしなんじゃ。

小林　要するに、人を閉じ込めて、火を浴びせているということですね？

岡田光玉　最後は滅ぼすことになってるからね。

酒井　ただ、信者が増えれば増えるほど、そのマグマはどんどん熱くなってきていませんか。

岡田光玉　いや、信者が増えれば、浄化されていくわけだから……。
　イエスは、バプテスマの水で洗礼したけど、わしは火で洗礼してんねん。

酒井　信者が増えると、あなたの体はどんどん熱くなってきませんか。

岡田光玉　うん？　それはよう分からんな。増えないからよう分からん。

酒井　増えない？　最近は減っているから？

岡田光玉　あんまり増えないので、よく分からないんだけど。

小林　これは、下村さん向けのメッセージとして記録に残しますけれども、こういう因果(いんが)の理法(りほう)を無視して間違った教えで「助かる」と言った人は、「六師外道(ろくしげどう)」といって、地獄に堕(お)ちたりしているんですよ。

岡田光玉　いや、君の言うことはむつかしゅうて、何だかよう分からん。

小林　いやいや、これは下村さん向けに申し上げてるんで。いわゆる外道、つまり、間違った教えで、本当は救われてないのに、救われたかのように嘘(うそ)をついた教祖は、火炎地獄に堕ちるんですよ。

麻原彰晃でも岡田氏に頭を下げて助けを求めれば救われる？

岡田光玉　とにかくねえ、「この世の人は、この世のことしか考えとらんから、霊体験をさせて、ショック療法で目覚めさせることが悟りだ」という教えを説いたわけですよ。

酒井　ただ、「三日の研修でイエス様のような手かざしの業ができる」というのはおかしくないですか。

岡田光玉　いや、三日っていうか、一日でもいいよ。だから、すっごい教団なんだよ。

酒井　一日でできる？　では、その人がものすごい悩みを持っていて、その人が恨みを持ってたり悩みを持ってたり……。

岡田光玉　イエスの何百倍の力が……。

酒井　ちょっと待って、聞いてください。恨みを持っていたり、悩みを持っていたり、悲しみを持っていた人でもできるんですか。その業は。

岡田光玉　うーん、まあ。それがわしらの力やな。

酒井　極悪人、犯罪者であっても、あなたのもとに行けばできると。

岡田光玉　そりゃあ、わしが神だったら、その業火で悪は全部焼き尽くされるからね。

酒井　それは、心を変えなくてもいいんですか。

岡田光玉　焼き尽くされるの。だから、それが「浄化の炎」なの。

小林　ごまかしているだけですよ。

酒井　極端に言えば、麻原彰晃があなたのところに行っても、一日でできますか。

岡田光玉　うーん……。まあ、あの程度の極悪人になると、ちょっと時間がかかる。反省させせないかんからなあ。

酒井　何の反省ですか。

岡田光玉　だから、正しい宗教に帰依しなかったことを反省……。

酒井　どういう反省なんですか。

岡田光玉　まあ、いろんな宗教のまねだけしてやったんだろうと思うけどなあ。あそこもちょっと、霊現象みたいなのをありがたがる気はあったとは思う……。

酒井　あなたの言う反省というのは、具体的には何ですか。

岡田光玉　うん？　何が？　「メシアはすでに降臨しておった」ということを知らんと、あとから出てきた、八〇年代以降のメシアというのは偽物だ。

酒井　要するに、「あなたをメシアと認める」というのが反省ということですね？　それさえあれば、力は身につくわけでしょう？

岡田光玉　まあ、正しい信仰にたどり着くことやからな。うん、そういうことだな。わしが最終メシアなんや。うーん。

酒井　麻原彰晃であっても、あなたに帰依すれば……。

岡田光玉　うん、もうわしに帰依すればね。死刑になって、わしんとこへ来て、頭を下げて、「助けてくれ」と言えば、それは救われるわ。

小林　「極悪人が、手かざしによって、一日で真っ当な救済力のある人間に変わる」ということを信じていると、下村さんの選挙区の選挙民の方々と、下村さん本人に、ちょっとしっかりお伝えしなければいけない。その影響を下村さんが受けているということを、選挙区のなかではっきりさせなければいけないんで。

岡田光玉　いや、わしらはね、万人救済のために、教義をシンプルにしてるわけよ。だから、この世しかないと思ってる人間に霊現象を体験させて、びっくりさせて、びっくりするっていうことが悟りだということで、あとは、「極悪人が増えたら、火による洗礼で、みんな滅ぼされる」と、まあ、そういう……。

真光系教団の関係者は今どうしているか

酒井　養女の岡田恵珠（おかだけいしゅ）さんは、今、何をされていますか。

岡田光玉　何されてるったって、何？　失礼な。どういうことなのよ。

酒井　今、生きてらっしゃるんですよね。

岡田光玉　わしらはもう、そらあ、「救世の業（わざ）」一筋（ひとすじ）にやってるもんであるからして。

酒井　この方とは、今、関係がありますか。

岡田光玉　ええ？　「関係がありますか」っていったら、娘（むすめ）なら関係あるだろうよ。

酒井　どんな関係？

岡田光玉　うちの思想は一致（いっち）してて、一緒（いっしょ）ですから。ちょっと分派はしたけどね。教義は一緒ですから。

酒井　なるほど。あともう一人、分派した方がいますよね？　「文明教団」のほうについた方ですか。この方はどうおっしゃってます？

岡田光玉　あ、関口な？　崇教局長なあ。まあ、おんなじようなことを言うてると思うけど、だいたい。やってることは同じなのよ。組織の運営力の競争やからね。

小林　今、交流はないわけですか。あるいは、競争してる？

岡田光玉　まあ、仲間ではあるけど、兄弟の争いみたいな、競争みたいなもんだな。

小林　ああ、争いをしてるわけですね。

岡田光玉　兄弟の競争みたいなもんだな。うん。

小林　今、現実に、地上の真光系教団には、ある種の手ごろ感があるので、いろいろなところから霊的な指導も来ているのではないかと思うんですが、あなた様以外では、どんなところが来られてますか。真光を使って、何か影響を広めたいとかっていう。

岡田光玉　こういう霊能系の新宗教が一九七〇年代、八〇年代に流行ったわけで、おたくもそれに入るんだろうけど。「霊能系の宗教」と、例えば、「お経を使う法華経系教団」の両方があるんだけどね。だから、霊能系ったら、みんな、お互いにいろんな霊が移動してると思うよ。

小林　具体的には、どんな霊が移動して影響を与えたり指導したりしていますか。

岡田光玉　そらあ、霊能系の「親元」は出口王仁三郎さんじゃないの？

小林　いえいえ。出口氏は別として、もうちょっと別の方がいるのではないですか。

岡田光玉　うーん……。よう分からんけど、結局、わしら、出口の言う、「日本に火の雨が降る」ゆうやつを引き継いどるからねえ。うーん。

岡田氏の霊的仲間と〝親神〟の正体を探る

酒井　今、幸福の科学に対して、霊的にあなたと一緒に組んで、呪いたいと思っているお仲間はいますか。

●出口王仁三郎（1871 ～ 1948）大正・昭和期の宗教家。大本教の二大教祖の一人で、聖師。『霊界物語』等の著述でも知られる。

岡田光玉　うん？　幸福の科学を呪ってるところ？　ああ、全部じゃん。

酒井　いやいや、あなたと組んで……。

岡田光玉　組んで？　教祖として、そんなに組まない……。

酒井　教祖ではなくても、あの世で、あなたが信頼（しんらい）している方でもいいんです。あるいは、あなたの僕（しもべ）でも、同僚（どうりょう）でもいいです。

岡田光玉　そらあ、真光の業を使えたのは、過去、二千年前にイエスが存在したわなあ。だから、そういう意味では、イエスはあなたがたを滅ぼそうとしてる……。

酒井　では、あなたは今、溶岩のなかで、イエス様と会っているんですか。

岡田光玉　手かざしして治せるんだ。わしがイエスなんじゃないの？

酒井　イエス様は、溶岩のなかには、たぶん、いないと思うんですよ。そのなかには、宗教家で言うと、ほかにどんなタイプの方がいますか。

岡田光玉　まあ、日本も歴史が長いからねえ。いろんな人はいる……。火の玉を見たのだって、世の中を救おうとした人たちがいっぱい来てんやな。

酒井　密教系はいますか。

岡田光玉　密教系とかは、そらあ、まあ、比較(ひかく)的近いでしょうなあ。

酒井　山岳修行(さんがくしゅぎょう)ですか。

岡田光玉　うーん、それは近い。

酒井　有名な方はいます？　密教系で。

岡田光玉　君らが言ってることがよく分かんないわあ。君ら、なんか、頭おかしいんちゃうか。今、唯一(ゆいいつ)のメシアに会ってるのに、何、変なことばっかり訊くのよ。

小林　顔をご覧になって、「ああ、この人、知ってる」という人はいませんか。

岡田光玉　ええ？　何が言いたいのか分かんないよ。

酒井　例えば、密教で昔、覚鑁とか、有名な方がいたじゃないですか。

岡田光玉　うーん。覚鑁……。あの人は忙しい人らしいなあ。あちこち行って……。

酒井　なぜご存じなんですか。そんな噂をなぜ知ってるんですか。

岡田光玉　うん、いやあ、念力使うからねえ。

酒井　その方とは、たまに会うんですか。

岡田光玉　うーん、まあ、親神の一つかなあ。

酒井　あなたの親神のお一人。

岡田光玉　うちだけでなくて、ほかんところの親神だなあ。だから、親神の一つなんじゃないかなあ。

酒井　やはり、かなりご指導は受けられたということですか。

岡田光玉　あれが入ったとこは、みんな、大川隆法、呪っとるからさあ。厳しいと思

●**覚鑁**（1095～1143）平安時代後期の真言宗の僧。真義真言宗の祖。死後、地獄に堕ち、現在も悪魔として密教系の邪教団を支配している（『黄金の法』〔幸福の科学出版〕参照）。

うなあ。

日本神道系・キリスト教系との関係を探る

酒井　では、先ほどの御親元主真光大神という神様は覚鑁のことなんですか。

岡田光玉　うーん。もうちょっと古いかもしれないような気が……。祝詞が入ってるからなあ。覚鑁には祝詞が入らんだろう。だから、密教系の霊能者だけども……。

酒井　神道系で封じ込められたタイプ？

岡田光玉　神道、もっともっと古い神様やなあ。んで、俺は、だから、昔、高天原と根の国とが、分かれるころの神様になるなあ。

小林　なるほど。あと、「メシア」とか、盛んにキリスト教用語を使われるんですが、キリスト教系などにも、その親なるものがいるのでしょうか。

岡田光玉　ああ、それは、やっぱり……、按手（頭の上に手を置いて神に祈る行為）

して病人治した手島（てしま）（郁郎（いくろう））……、あんなやつもおったなあ、キリスト教系ではなあ。そういうやつもおったなあ。一時期流行ったなあ。消えてもうたがな。

酒井　もっともっと古いもので、キリスト教系でいくと、天使系で何か……。

岡田光玉　うん、まあ、メシアを名乗ってるけど、キリスト教はそんなに詳（くわ）しゅうないんで。そんなに付き合いはない。まあ、これから、国際化せにゃあいかんと、今、努力してるところや。

酒井　国際的に、横文字の方は、あまりご存じない？

岡田光玉　そんなに好きではない。まあ、やっぱり、日本神道系ではあるんだなあ。

酒井　ああ。では、伊邪那美（いざなみ）あたりと何か……。

岡田光玉　伊邪那美大神（おおかみ）は偉すぎて、ちょっと分からんなあ。伊邪那岐（いざなぎ）、伊邪那美あたりになると、ちょっと偉すぎて分からない。

酒井　根の国に分かれたというと、あのあたりと何か……。

岡田光玉　いやあ、あんまり大神なので、ちょっと分からないよ。そのへんになると、ちょっと分からないなあ。国づくりの神様あたりになると、さすがに古すぎて分からないなあ。

酒井　そうですか。ただ、先ほど、根の国に分かれたころって言ってましたよね？　それが分かんないんだったら、メシアとか、あまり大したものではないのではありませんか。

岡田光玉　そんなことないよ。大国主だって焼き殺そうとしたことがある神様なんだからね。偉い神様なんだよ。

酒井　あなたが？

岡田光玉　いやいや、わしの信じとる神が。大国主だって、穴んなかにもぐって逃げたぐらいだから。火を使うんだよ、うちの神様はなあ。

小林　焼き殺そうとした人は、その後、火の世界に行ってしまったわけですか。

岡田光玉　いやあ、八十神（やそがみ）な。大国主は、ねずみに導かれて、穴掘（あなほ）って逃げたんだよ。卑怯（ひきょう）なやっちゃなあ、ほんまに。焼かれたらええのに。イエスになれたのに。

5 「宗教のスタンダードが真光」と主張する岡田光玉氏

幸福の科学大学設立に反対しないが邪魔はしている

酒井　あなたは、これから日本をどうしていきたいと思っていますか。

岡田光玉　うーん。わしは、そんなにむつかしいことは分からんから、救世主なんよ。庶民の立場に立って人を救おうとしてるからね。だから、君らみたいに理屈はよう分からんのだよ。

酒井　下村大臣には、これからどうなってほしいですか。

岡田光玉　やっぱり、下村大臣には、宗教教育にしっかり取り組んでほしいですなあ。

小林　幸福の科学を取り込むのもおかしくはない？

岡田光玉　いやあ、幸福の科学は、あまりにも外道すぎるからさあ。やっぱり、「あの世がある」という霊的なところの、昔の幽霊話みたいなのを現代化して取り込むあたりのところで十分なんじゃないかなあ。うーん。

酒井　しかし、安倍総理はそんなことを許さないのではないですか。

岡田光玉　安倍総理の信仰も、そんなもんでしょう？　死んだ人がどうなるかだけしか関心ないでしょう？　それ以外のことはないでしょう？

酒井　いやいや、宗教教育というのは、「国家戦略」と関係あるんですけれども。

岡田光玉　そんなこと、どうでもいいんだよ。そんなことは関係ないんだよ。

小林　「どうでもいい」と、大学の認可に口を出しているわけですね？

酒井　幸福の科学が大学をつくるのは反対だと？

岡田光玉　別に反対はしてないけど、邪魔してるだけだから。

小林　邪魔しているわけですね？

岡田光玉　うーん。反対はしてないよ？　邪魔はしてるけど。

大学の要職に教団幹部を就かせず、理系の大学にさせることを目論む

酒井　最終的に、どうもっていきたいのですか、これは？

岡田光玉　君らが諦めてくれたら、そんでいいんじゃないの？　まあ、とにかく、教団幹部を大学の要職に就かせないようには圧力をかけてる。

酒井　それをやってるのは、あなた？

岡田光玉　それを取り除かないと。やっぱ、教団の宣伝になるからね。

小林　それをあなたがやってるわけですね。なるほど。

岡田光玉　「教団の幹部は資格がない」ってことで、外して。

小林　でも、それは他の宗教でも山のように実例がありますから。

岡田光玉　今は、理系の大学の教員をつけて、幸福の科学大学は理系の大学としてだけ成立するようにしようとしてるのな。

小林　ああ、そういうふうに持っていこうと、あなたが言ってるわけですね。

岡田光玉　最悪な。潰(つぶ)れたら、そのほうがいいけど。建つんだったら、理系の大学にしてしまったらええねん。そうしたら、何の役にも立たないから。宗教的には。

小林　宗教系の大学では、その宗教系の人がマネジメントのトップに立つことは常識なんですけれども。要するに、それが嫌(いや)だということを、あなたが指導しているわけですね。

岡田光玉　理系、理系、理系の人が、今、学長になるように推(お)してるよ。

下村大臣を通じて文科省を操(あやつ)っていると告白する岡田光玉氏

酒井　あなたの影響(えいきょう)はそんなに強いんですか。

岡田光玉　ううーん。まあ、インスピレーションが起きるからな。
酒井　誰（だれ）に対して？
岡田光玉　そらあ、指導する者に対してな。
酒井　大臣だけじゃなくて？
岡田光玉　大臣にな。うーん。
酒井　大臣と奥（おく）さんだけですね？
岡田光玉　うーん。
小林　そういうインスピレーションを降ろされているわけですね？
岡田光玉　インスピレーションが降りるからなあ。うーん。
小林　要するに、下村さんの発言と考えの出元（でもと）は、あなただったわけですね？

岡田光玉　いや、幸福の科学が下村大臣を応援してるつもりで何もしとれへんからさ。偉そうに言うだけで、腹立ってんのや。

酒井　かつて、板橋では信者もお手伝いしたはずですけど、彼は要求が強引ですからね。

岡田光玉　いや、君らはしたつもりでいたんだろうけど、ほかのところはもっともっと汗流してんのや。大臣までなるっちゅうと、やっぱり幾つか支援を受けないと疲れるからなあ。

酒井　要するに、真光は板橋区において、もっと頑張ってますよと。

岡田光玉　汗を流してるのに、十分報われとらんのやなあ。

だから、君らの団体に税金が投入されるっちゅうことは、なかなか許しがたいことやな。ほんとは政教分離せないかんのに、そんな……。

酒井　まあ、別に税金は要らないですよ。

岡田光玉　宗教に税金が投入されるっちゅうのは、まこと、けしからんことやな。だから、ロケットでもロボットでもやっとったらええわ。宗教に全然関係ないから、やっとりゃええ。

酒井　要するに、宗教とは関係ないほうに持っていきたいと？

岡田光玉　まあ、認可されないほうがええけどな。

小林　やはり、文科大臣のほうから降りている指示なりの出元は、あなただと？

岡田光玉　霊的に指導力がない人たちで固めるように、今はやっていると思うよ。

酒井　要するに、あなたは、文科大臣を通じて、文科省を操っているわけですね。

岡田光玉　まあ、そういうことになる。文科省が宗教を束ねて、全部を管轄してるから、私の場合、宗教家を押さえてるのと一緒だよなあ。わしの許認可によって宗教は……。

酒井　最近、下村博文大臣が、当会と交流を持ちたくないと言って毛嫌いしているのは、あなたの狙いどおり？

岡田光玉　やっぱり信仰って、なかなか二つは持てないもんだからね。選挙のときだけは、もちろん協力すると。

小林　要するに、あなたに対する信仰によって、こういう行政判断を、されているんですね。

岡田光玉　まあ、宗教のスタンダードが真光なわけよ。

小林　そういう考えに基づいて、やっているわけですね？

「とにかく霊的な何かが起きて驚いたら、それが悟り」という自説

酒井　下村大臣は、今後も、われわれに対しては、一切、まあ、接触も要請してこないでしょうね。

岡田光玉　どっかで誰かが、マスコミかほかの宗教の誰かが、おまえらのところに、偽

イエスだの仏陀だの、いろんなもんが出てるやつを暴かないといかんのやけど、今、暴く力がある人がおらんからさあ。だから、そういう行政や政治の力を使わないと。

小林　それが動機だったわけでしょう？　要するに、大川隆法総裁が、メシアであったり、救世主であったり、仏陀であったりすると困るという、その一点で、ゴチョゴチョ、ゴチョゴチョ動いているわけですよね。

酒井　それを下村さんの奥さんにも言わせてるの？

岡田光玉　わしのほうが霊能者をたくさん養成したから、わしのほうが力は上なのに、評価が正当でないわ。

小林　いや、毒水を流すような偽霊能者を、何百人養成したところで、それは救済になりませんよ。それは、事実が証明していくことなんであってね。

岡田光玉　まあ、悪霊も善霊も分からんけども、とにかく霊現象が起きれば、それで悟りは開けるのよ。霊言ができても霊が視えても、体がピョンピョン動いても、とにかく霊的な何かが起きたら、それで人はびっくりして、この世的な価値観から、やっぱり遊離するわけで、これが悟りなんだから。

小林　その悪霊の影響を受けて、人生が目茶苦茶（めちゃくちゃ）になっても、「そんなことは私の責任じゃありません」という人の指導を下村さんが受けてるわけですね？　よく分かりました。

岡田光玉　価値判断は、あんまりしないようにはしてるよね。とにかく霊現象はありがたいことやからな。ただ、積極的に迷わされるものについては、ちょっと問題はあるけどな。だから、「偉い人だ」と言うて、世を迷わす人はちょっと問題はあるから、気をつけないといかんわなあ。

6 下村文部科学大臣へのアドバイス

「下村氏へのお世辞が足りん」と不満を述べる岡田光玉氏

酒井　あなたは、そこが気に入らないと？

岡田光玉　ええ、下村に対してのお世辞が足りんわね。もっと偉い人にしてもらわないといかんのにさ。おまえらの無名の、政党の党首だの役員だのに有名な過去世があって、下村に過去世がないなんちゅうのは、やっぱり許せんわなあ。そういう、人を見下した態度だね。実績をちゃんと評価してないっちゅうこと自体、君らが間違ってることが証明されたじゃん。

酒井　ただ、下村大臣の本心が、あなたの考えと、そっくりになってきているので。

岡田光玉　うん、うん、純粋な信仰を持ってるからね。隣に磁石があるから、そりゃ、しょうがないでしょ。

酒井　彼の守護霊（しゅごれい）が、何回かこちらに来てますけど、あなたは横にいますか？

岡田光玉　私は忙（いそが）しいんですから。日本国中、世界にも信者がいるんですからね。教え主ってのは、そんなもんですよ。

先発する宗教団体より先に大学をつくることに怒（おこ）っている

酒井　ただ、あなたがそうとう影響（えいきょう）していることは事実ですね。また、今後、最終的に幸福の科学大学を設立させないという作戦も考えているわけですね？

岡田光玉　そんな小さなことはどうでもよろしいんですが、まあ、潰（つぶ）れたらそんでいいんでしょ、単に。

酒井　これは〝小さなこと〟なんですね。

岡田光玉　小さなことですよ。誰（だれ）も集まらんのは分かってるから。別に誰も来ないっしょ。

酒井　ただ、あなたのところの大学のほうを先につくるべきであると。

小林　まあ、客観的に見て大学は無理でしょう。

岡田光玉　いや、うちは先発で五十年、進んでるんだから。

小林　「五十年先輩なのに、先輩の顔に泥を塗りやがって」ということですよね。

岡田光玉　そりゃ、生長の家だって怒ってるだろうよ、きっとなあ。ほかにいっぱい怒ってるんだから。

小林　でも、それはしょうがないですよ。

酒井　ただ、あなたは、教えがシンプルなほうがいいわけで、学問とは関係ないのでは？

岡田光玉　最近、若いのにも少し手を出さないといかんから、ワールドメイトの深見にも入って指導してるからねえ。あれも軽いからね。

酒井　今、〝お仲間〟になってるんですか？　けっこう、グループが広がってるんですね？

岡田光玉　うん、意外にわしらは、〝大グループ〟なんだよ。あれもすごく嫉妬(しっと)してるからな。

日本を「真光の国」にするために下村氏を総理大臣にすべき？

酒井　最後に、下村博文大臣にアドバイスをどうぞ。

岡田光玉　うん、幸福の科学が間違っている理由を、わしが説明してやろう。正しい宗教だったら、「下村が総理大臣になるべきだ」ともっと早く言わなきゃいけない。言わないところを見たら、これ正しい宗教ではない。そういうこった。

酒井　それが、アドバイスということですね？　正しい宗教ではない、と。

岡田光玉　うんうん、納得するぞ。本人も絶対納得すると思う。そのとおりだ。総理大臣になるべきだと絶対言わないといかん。霊的文明をこの日本に起こそうとしてるんだから、総理大臣になるべきだよな。日本が、真光の国になる。

酒井　ということは、安倍さんよりも能力は上ということですか。

岡田光玉　そらあ、安倍より悟りは「上」でしょうよ、よっぽど。安倍はそんな悟ってない。この世的な人だから。安倍は、いろんな宗教に、ちょっと関心はあるけどね。

酒井　安倍さんより能力は上だと。では、下村博文大臣本人も、自分のほうが上だと思っているんですか？

岡田光玉　そら、そうでしょ。彼は、霊現象を確信してますから。ま、安倍も好きだけどね。変な霊能のは、好きは好きなんだ。

酒井　それで、よく安倍総理と仲良くやれてますよね。

岡田光玉　まあ、とにかく分からない者同士、なかなかやっとるのよ。

酒井　なるほど。まあ、このへんで終わります。

岡田光玉　うん、来てもろうたこと、ありがたいと思えよ。感謝しろよな。わしに頼めば、何でも叶うからな。

酒井　はい、ありがとうございました。

7 岡田光玉氏の霊言を終えて

霊現象の善悪の区別がつかない岡田光玉氏

大川隆法　はい。（手を一回叩く）

軽いですな。軽くて、浅い。全然、敵ではないですね。まあ、ちょっと当たりが悪かっただけでしょうか。しかたがないでしょう。とにかく霊現象の善悪の区別がつかないわけで、判断力がないのだと思います。

善悪が分からないようでは、「教育改革」といっても虚しいものがあるかもしれませんね。

要は、霊現象自体が、道具と一緒ですから。信じてついていった人も、霊現象のようなものが起きたので、ついていったところがあるのです。

確かに、初めて見たら、誰でも驚くでしょう。体がピョンピョン跳ぶとか、そんなことは高級霊の業ではないことは分かっているけれども、そういうことを空中浮揚と称して、やったりするわけです。ただ、動物霊が入れば、ピョンピョン跳びますからね（笑）。そういう類ですから。

当会の教えは、あまりに整然としすぎていて難しいために、分からないようですが、嫉妬だけはできるということでしょう。

まあ、このへんは、この世的に知恵を使えばなんとか乗り越えられるのではないでしょうか。私は、大したものだとは思いません。

宗教に対し票集めだけ求める政治家は要注意

大川隆法　下村氏の守護霊自身は、真光の大学など通らないことが分かっているわけです。「真光が大学をつくれないのに、おまえらの大学を認可するのが困る」という言い方をしているのですから、真光がなれないことぐらいは分かっているのです。

残念なことではあるけれども、彼らは、「宗教票が利用できるだけでいい」ということです。「宗教は認めてやるだけで喜ぶ」と思っているわけです。「池の鯉と一緒で、手を叩いて餌をやれば寄ってくる」というようにしか考えていないのだと思います。

しかし、こういうことも乗り越えなくてはいけません。

たぶん、応援していないから、嫌がらせをしているのでしょう。何だかんだと言っていますが、言い方は、政治家的な言い回しをすれば済むことです。「財政赤字の時期に大学を認めるのは非常に難しいので、野党からのあらゆる批判に耐えられるよう、厳密に一個一個検証しておけ」というような理屈でしているのだと思います。

酒井　まあ、法律的には、極めてファジーなところで、いかようにも発言できるわけです。やはり、こういうあり方は、よろしくないのではないでしょうか。

大川隆法　ただ、幸福の科学の者としては、「次回の選挙では、この人は落選するかもしれない」というインスピレーションが降りないわけではないですよね。

酒井　板橋区の信者さんはかなり強いので、あまり怒らせると選挙で危ないかもしれません。この人自身、本当に気をつけないといけないのではないかと。

大川隆法　まあ、下村さんの守護霊霊言は、読むに堪えないほどのくだらない内容ばかりですから、ダイジェストでも十分でしょう。

酒井　しかし、「下村さんは幸福の科学にシンパシーを持っているんだ」と勘違いしている信者さんが多いと思うので、この霊言自体は、非常に意味があると思います。

大川隆法　そうですね。まあ、政治家は、とにかく応援してくれる宗教には、全部入ったりするものなので、気をつけないといけません。お世辞を言って票を集める仕事をするわけです。

ある意味で、信仰は立っているのでしょうが、非常に浅いところにあるということだと思います。

ただ、当会に対して言っていることは、「社会的事件を起こすな」ということばかりでしたから、オウム化することだけを恐れているのでしょう。

酒井　下村さんは、一九九〇年ぐらいから当会のことを知っているはずですからね。

大川隆法　しかし、選挙には役に立たなかったと思っているのではないですか。あのころは、政治運動も大したことがなかったですからね。

酒井　はい、ありがとうございました。

あとがき

この二十年来、選挙で下村博文氏を応援していた幸福の科学信者は数多い。それは私が、二十四年ほど前に、彼が将来、文部（科学）大臣になると予言していた事実に由来している。「幸福実現党」を立ち上げてからも（二〇〇九年）、宗教法人・幸福の科学は、未来の日本にとって重要な政治家は応援してきた。「自民党」にも「民主党」にも、「維新」にも「みんな」にも、「諸派」「無所属」にも信者議員はいる。「公明党」にさえ当会のシンパがいないとはいえない。

安倍政権には長く続いてほしいと願っているが、信者層の下村不信が急速に広がりを見せているため、政権の余命は、私の決断にかかっているかもしれない。安倍政権の政敵を切り崩しているのは幸福の科学グループだからである。

私は消費景気を冷え込ませる増税には賛成しかねるが、国防のための増税には反対したことはない。共産党とは違うのだ。良識ある国民に本書を精読いただければ幸いである。

二〇一四年　六月三日

幸福の科学グループ創始者兼総裁　大川隆法

『文部科学大臣・下村博文守護霊インタビュー』大川隆法著作関連書籍

『自由の革命』（幸福の科学出版刊）
『新しき大学の理念』（同右）
『日蓮聖人「戦争と平和」を語る』（同右）
『究極の国家成長戦略としての「幸福の科学大学の挑戦」』（同右）
『早稲田大学創立者・大隈重信「大学教育の意義」を語る』（同右）

文部科学大臣・下村博文守護霊インタビュー

2014年6月7日　初版第1刷

著　者　　大川隆法

発行所　　幸福の科学出版株式会社

〒107-0052 東京都港区赤坂2丁目10番14号
TEL(03)5573-7700
http://www.irhpress.co.jp/

印刷・製本　株式会社 東京研文社

ISBN978-4-86395-480-9 C0030
写真：時事

大川隆法ベストセラーズ・忍耐の時代を切り拓く

忍耐の法
「常識」を逆転させるために

人生のあらゆる苦難を乗り越え、夢や志を実現させる方法が、この一冊に──。混迷の現代を生きるすべての人に贈る待望の「法シリーズ」第20作!

2,000円

「正しき心の探究」の大切さ

靖国参拝批判、中・韓・米の歴史認識……。「真実の歴史観」と「神の正義」とは何かを示し、日本に立ちはだかる問題を解決する、2014年新春提言。

1,500円

忍耐の時代の経営戦略
企業の命運を握る3つの成長戦略

豪華装丁
函入り

2014年以降のマクロ経済の動向を的確に予測! これから厳しい時代に突入する日本において、企業と個人がとるべき「サバイバル戦略」を示す。

10,000円

※表示価格は本体価格(税別)です。

大川隆法 霊言シリーズ・宗教の違いを知る

宗教決断の時代

目からウロコの宗教選び①

統一協会教祖・文鮮明(守護霊)、創価学会初代会長・牧口常三郎の霊言により、各教団の霊的真相などが明らかになる。

1,500円

宗教イノベーションの時代

目からウロコの宗教選び②

日本の新宗教のイメージをつくってきた立正佼成会創立者・庭野日敬、真如苑教祖・伊藤真乗、創価学会名誉会長・池田大作守護霊がその本心を語る。

1,700円

悲劇としての宗教学

日本人の宗教不信の源流を探る

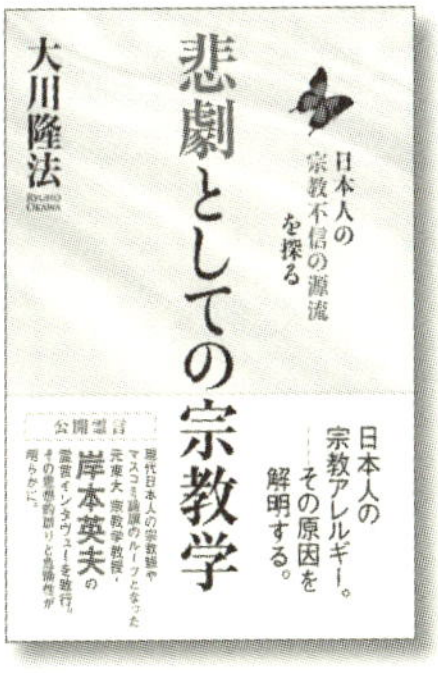

死後約50年を経ても、自身の死に気づかずに苦しむ宗教学者・岸本英夫氏。日本人の宗教に対する偏見の源流はどこにあるのかが明かされる。

1,400円

幸福の科学グループのご案内

宗教、教育、政治、出版などの活動を通じて、地球的ユートピアの実現を目指しています。

宗教法人　幸福の科学

一九八六年に立宗。一九九一年に宗教法人格を取得。信仰の対象は、地球系霊団の最高大霊、主エル・カンターレ。世界百カ国以上の国々に信者を持ち、全人類救済という尊い使命のもと、信者は、「愛」と「悟り」と「ユートピア建設」の教えの実践、伝道に励んでいます。

（二〇一四年六月現在）

愛

幸福の科学の「愛」とは、与える愛です。これは、仏教の慈悲や布施の精神と同じことです。信者は、仏法真理をお伝えすることを通して、多くの方に幸福な人生を送っていただくための活動に励んでいます。

悟り

「悟り」とは、自らが仏の子であることを知るということです。教学や精神統一によって心を磨き、智慧を得て悩みを解決すると共に、天使・菩薩の境地を目指し、より多くの人を救える力を身につけていきます。

ユートピア建設

私たち人間は、地上に理想世界を建設するという尊い使命を持って生まれてきています。社会の悪を押しとどめ、善を推し進めるために、信者はさまざまな活動に積極的に参加しています。

国内外の世界で貧困や災害、心の病で苦しんでいる人々に対しては、現地メンバーや支援団体と連携して、物心両面にわたり、あらゆる手段で手を差し伸べています。

年間約３万人の自殺者を減らすため、全国各地で街頭キャンペーンを展開しています。

公式サイト **www.withyou-hs.net**

ヘレン・ケラーを理想として活動する、ハンディキャップを持つ方とボランティアの会です。視聴覚障害者、肢体不自由な方々に仏法真理を学んでいただくための、さまざまなサポートをしています。

公式サイト **www.helen-hs.net**

教育

学校法人 幸福の科学学園

学校法人 幸福の科学学園は、幸福の科学の教育理念のもとにつくられた教育機関です。人間にとって最も大切な宗教教育の導入を通じて精神性を高めながら、ユートピア建設に貢献する人材輩出を目指しています。

幸福の科学学園

中学校・高等学校（那須本校）
2010年4月開校・栃木県那須郡（男女共学・全寮制）
TEL **0287-75-7777**
公式サイト **happy-science.ac.jp**

関西中学校・高等学校（関西校）
2013年4月開校・滋賀県大津市（男女共学・寮及び通学）
TEL **077-573-7774**
公式サイト **kansai.happy-science.ac.jp**

幸福の科学大学（仮称・設置認可申請中）
2015年開学予定
TEL **03-6277-7248**（幸福の科学 大学準備室）
公式サイト **university.happy-science.jp**

仏法真理塾「サクセスNo.1」 TEL **03-5750-0747**（東京本校）
小・中・高校生が、信仰教育を基礎にしながら、「勉強も『心の修行』」と考えて学んでいます。

不登校児支援スクール「ネバー・マインド」 TEL **03-5750-1741**
心の面からのアプローチを重視して、不登校の子供たちを支援しています。
また、障害児支援の **「ユー・アー・エンゼル!」** 運動も行っています。

エンゼルプランV TEL **03-5750-0757**
幼少時からの心の教育を大切にして、信仰をベースにした幼児教育を行っています。

シニア・プラン21 TEL **03-6384-0778**
希望に満ちた生涯現役人生のために、年齢を問わず、多くの方が学んでいます。

NPO 活動支援

学校からのいじめ追放を目指し、さまざまな社会提言をしています。また、各地でのシンポジウムや学校への啓発ポスター掲示等に取り組むNPO「いじめから子供を守ろう！ネットワーク」を支援しています。

公式サイト **mamoro.org**
ブログ **mamoro.blog86.fc2.com**
相談窓口 **TEL.03-5719-2170**

政治

幸福実現党

内憂外患の国難に立ち向かうべく、二〇〇九年五月に幸福実現党を立党しました。創立者である大川隆法党総裁の精神的指導のもと、宗教だけでは解決できない問題に取り組み、幸福を具体化するための力になっています。

党員の機関紙
「幸福実現NEWS」

TEL 03-6441-0754
公式サイト hr-party.jp

出版メディア事業

幸福の科学出版

大川隆法総裁の仏法真理の書を中心に、ビジネス、自己啓発、小説など、さまざまなジャンルの書籍・雑誌を出版しています。他にも、映画事業、文学・学術発展のための振興事業、テレビ・ラジオ番組の提供など、幸福の科学文化を広げる事業を行っています。

アー・ユー・ハッピー？
are-you-happy.com

ザ・リバティ
the-liberty.com

幸福の科学出版
TEL 03-5573-7700
公式サイト irhpress.co.jp

THE FACT

ザ・ファクト
マスコミが報道しない
「事実」を世界に伝える
ネット・オピニオン番組

Youtubeにて
随時好評配信中！

ザ・ファクト 検索

入会のご案内

あなたも、幸福の科学に集い、
ほんとうの幸福を
見つけてみませんか？

幸福の科学では、大川隆法総裁が説く仏法真理をもとに、「どうすれば幸福になれるのか、また、他の人を幸福にできるのか」を学び、実践しています。

入会

大川隆法総裁の教えを信じ、学ぼうとする方なら、どなたでも入会できます。入会された方には、『入会版「正心法語」』が授与されます。（入会の奉納は1,000円目安です）

ネットでも**入会**できます。詳しくは、下記URLへ。
happy-science.jp/joinus

三帰誓願（さんき せいがん）

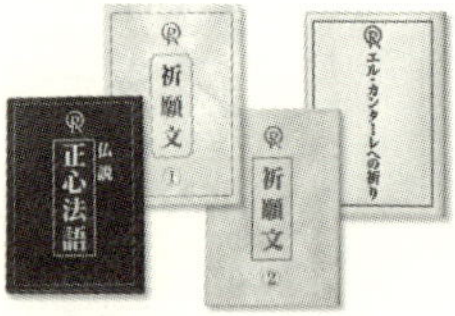

仏弟子としてさらに信仰を深めたい方は、仏・法・僧の三宝への帰依を誓う「三帰誓願式」を受けることができます。三帰誓願者には、『仏説・正心法語』『祈願文①』『祈願文②』『エル・カンターレへの祈り』が授与されます。

植福の会（しょくふく）

植福は、ユートピア建設のために、自分の富を差し出す尊い布施の行為です。布施の機会として、毎月1口1,000円からお申込みいただける、「植福の会」がございます。

「植福の会」に参加された方のうちご希望の方には、幸福の科学の小冊子（毎月1回）をお送りいたします。詳しくは、下記の電話番号までお問い合わせください。

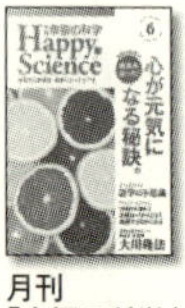

月刊「幸福の科学」

ザ・伝道

ヤング・ブッダ

ヘルメス・エンゼルズ

INFORMATION
幸福の科学サービスセンター
TEL. 03-5793-1727（受付時間 火～金:10～20時／土・日:10～18時）
宗教法人 幸福の科学 公式サイト **happy-science.jp**